LES CLOCHES

DU CANTON DE

Novion-Porcien

PAR

ALBERT BAUDON

Fleur de lis de la cloche de Faux (1523)

RETHEL

G. BEAUVARLET, LIBRAIRE-ÉDITEUR

28, Place de la Halle, 28

1902

LES CLOCHES

DU

CANTON DE NOVION-PORCIEN

A LA MÉMOIRE

DE M. l'ABBÉ JOACHIM BEAUVARLET

mon grand-oncle, décédé curé de Manre (Ardennes),

le 8 juillet 1871

Qui s'intéressa aux choses de l'Histoire

A MON PÈRE

A MA MÈRE

en souvenir de nos excursions communes.

AL. B.

Rethel, 19 Janvier 1902.

LES CLOCHES

DU CANTON DE

Novion-Porcien

PAR

ALBERT BAUDON

Fleur de lis de la cloche de Faux (1523)

RETHEL

G. BEAUVARLET, LIBRAIRE-ÉDITEUR

28, Place de la Halle, 28

1902

AVANT-PROPOS

Le canton de Novion-Porcien offre plus de beautés naturelles que de richesses archéologiques. Ses vallées et ses monts, ses bois et ses vergers, ses villages et ses hameaux évoquent encore en nous, à l'heure présente, plus d'un paysage frais et riant [1] et, nous devons l'avouer, ces sensations, éprouvées dans le calme des champs, ont été plus nombreuses que celles qu'a pu nous procurer l'ascension campanaire. Bien rares, en effet, sont les sonneries qui ont échappé aux tourmentes sociales et aux refontes si fréquentes dans le cours du dernier siècle.

Sans nous attarder, dans l'exposé de ce préambule, à déplorer la disparition des vestiges du passé et en particulier la perte des vieux bronzes, arrivons à notre but purement documentaire en donnant ici même le résultat de nos explorations ; celles-ci nous ont révélé 43 corps sonores : deux seulement appartiennent au XVIe siècle ; quatre au XVIIIe, et le reste s'échelonne, pour le XIXe siècle, de 1802 à 1899.

Voici d'ailleurs, comme on l'a fait précédemment [2], dans un tableau d'ensemble, la liste, par ordre alphabétique, des localités avec le nombre et la date des cloches appartenant à chacune d'elles, et dans un autre tableau, la liste de ces dernières par ordre d'ancienneté :

---

1. Signalons particulièrement comme but d'agréables promenades, l'excursion des *Quatre Vallées*, Vaux-Montreuil, le Chesnois, Auboncourt, Wignicourt, en remontant jusqu'aux hameaux du Pas et de Cobault, et celle de la Vallée de la Vaux, de Wasigny à Lalobbe.

2. H. JADART et P. LAURENT, *Cloches du canton d'Asfeld*, 1895 ; H. JADART, P. LAURENT et Al. BAUDON, *Cloches du canton de Rethel*, 1897 ; H. JADART, R. BAUDEMANT et J. CARLIER, *Cloches du canton de Château-Porcien*, 1900, brochures in-8°, éditées par G. Beauvarlet, à Rethel.

I. TABLEAU DES CLOCHES PAR ORDRE DE COMMUNES[1]

Novion-Porcien . . . . . . 3 cloches dont une de 1849 (Arsène Loiseau, fondeur) et deux de 1896 (Farnier-Bulteaux, fondeur).

Auboncourt-Vauzelles . . 1 cloche de 1861 (Perrin, fondeur).

Chesnois-Auboncourt . . . 3 cloches de 1890 (Perrin, fondeur).

Corny et Machéroménil . A Corny, une cloche de 1861 (Perrin, fondeur) ; à Machéroménil, une cloche de 1855 (Loiseau-Liégault, fondeur).

Faissault . . . . 1 cloche de 1823 (Cochois et Antoine, fondeurs).

Faux . . . . 1 cloche de 1523.

Grandchamp . . . . 1 cloche de 1864.

Hagnicourt . . . . 2 cloches dont une de 1806 (C. Farnier, fondeur) et une de 1856 (Loiseau-Liégault, fondeur).

Herbigny . . . . 2 cloches de 1821 (les Cochois, fondeurs).

Justine . . . . 2 cloches dont une grosse de 1842 et une petite de 1840 (Antoine et Loiseaux, fondeurs).

Lalobbe . . . . 1 cloche de 1853 (Loiseau-Liégault, fondeur).

Lucquy . . . . 1 cloche de 1899 (Drouot, fondeur).

Mesmont . . . . 1 cloche de 1778 (Les Roys, fondeurs).

Neuville-les-Wasigny . . 1 cloche de 1823 (Cochois et Antoine, fondeurs).

Neuvizy . . . . 1 cloche de 1812 (C. Farnier, fondeur), plus une cloche de 1842 provenant de Gercy (Aisne), fondue par Drouot.

Puiseux . . . . 1 cloche de 1181, provenant de L'Echelle (J. N. C. Roi, fondeur).

Saulces-Monclin . . . . . . A la Chapelle de la Vieille-Ville, une cloche de 1561 et à l'église paroissiale 3 cloches dont une de 1825 (Chevresson et Bague, fondeurs), une de 1836 (Antoine et Loiseaux, fondeurs) et une de 1875 (Perrin, fondeur).

1. Les 25 communes de notre canton se répartissaient à la fin du xviiie siècle entre les doyennés de Rethel et du Vallage, ce dernier démembré de celui du Châtelet :

Doyenné de Rethel : Saint-Thomas de Cantorbéry de Grandchamp ; Notre-Dame de Justine et Saint-Martin d'Herbigny (secours) ; Saint-Lambert de Lalobbe ; Saint-Timothée de La Neuville ; Notre-Dame de Machéroménil et Saint-Denys de Corny-la-Ville (secours) ; Saint-Martin de Mesmont ; Saint-Pierre de Novion-en-Porcien ; Saint-Jean-Baptiste de Sery ; Notre-Dame de Wagnon ; Saint-Remy de Wasigny.

Doyenné du Vallage : Saint-Remy d'Auboncourt ; Sainte-Marguerite du Chesnois ; Saint-Remy de Faux et Lucquy ; Saint-Pierre de Hagnicourt (secours de Mazerny) ; Saint-Nicolas de Saulces-aux-Bois et Notre-Dame de la Vieille-Ville (secours) ; Notre-Dame de Sorcy et Bauthémont ; Saint-Pierre de Vaux-Montreuil avec Wignicourt, et Saint-Honoré de Puiseux (secours) ; Saint-Remy de Viel-Saint-Remy et Saint-Nicolas de Faissault (secours) ; Saint-Syndulphe de Villers-le-Tourneur et Notre-Dame de Neuvizy (secours). Cf. L. DEMAISON, *Inv. des Arch. de Reims, Fonds de l'Archevéché* (Série G, 267, 280), Reims, Matot-Braine, 1901, pp. 240, 293.

Sery	1 cloche de 1784 (J. N. C. Roi, fondeur).
Sorcy-Bauthémont	2 cloches de 1837 (Antoine et Loiseaux, fondeurs).
Vaux-Montreuil	3 cloches dont une de 1733 (Alexis Barbier, fondeur) et deux de 1890 (Perrin, fondeur).
Viel-St-Remy et Margy.	A Viel-Saint-Remy, 3 cloches, une de 1824 (P.-F. Barrard, fondeur), une de 1825 et une de 1839 (Antoine et Loiseaux, fondeurs), — A Margy, une cloche de 1868 (Rozier-Martin, fondeur).
Villers-le-Tourneur . . .	1 cloche de 1763.
Wagnon	1 cloche de 1802 (C. Farnier, fondeur).
Wasigny	2 cloches dont une petite de 1827 (Antoine, fondeur) et une grosse de 1892 (Jules Robert, fondeur), plus 1 cloche pour l'heure et 3 timbres de l'horloge paroissiale 1710 (François Cocu, fondeur).
Wignicourt	1 cloche de 1858 (Loiseau-Liégault, fondeur).

II. TABLEAU DES CLOCHES PAR ORDRE D'ANCIENNETÉ

		DATES	FONDEURS
Saulces-Monclin.	1 cloche à la Chapelle de la Vieille-Ville. .	1516	sans nom de fondeur.
Faux	1 cloche de l'église . .	1523	—
Wasigny	Timbres de l'horloge .	1710	François Cocu.
Vaux-Montreuil	1 cloche de l'église . .	1733	Alexis Barbier.
Mesmont.	—	1778	Les Roys.
Villers-le-Tourneur. . . .	—	1763	sans nom de fondeur.
Sery	—	1784	J. N. C. Roi.
Wagnon	—	1802	C. Farnier.
Hagnicourt	—	1806	—
Puiseux	—	1811	J. N. C. Roi.
Neuvizy	—	1821	C. Farnier.
Herbigny	2 cloches de l'église. .	1821	Les Cochois.
Faissault.	1 cloche de l'église. .	1823	Cochois et Antoine.
Neuville-les-Wasigny. . .	—	1823	—
Viel-Saint-Remy	—	1824	Pierre Barrard.
Viel-Saint-Remy	—	1825	Antoine et Loiseaux.
Saulces-Monclin.	—	1825	Chevresson et Bague.
Wasigny	—	1827	Antoine.
Saulces-Monclin.	—	1836	Antoine et Loiseaux.
Sorcy-Bauthémont	2 cloches de l'église. .	1837	—
Viel-Saint-Remy.	1 cloche de l'église . .	1839	—
Justine.	1 petite cloche de l'église	1840	Antoine.

Justine	1 grosse cloche	1812	Antoine et Loiseaux.
Novion-Porcien	1 cloche de l'église	1849	Arsène Loiseau.
Lalobbe	—	1853	Loiseau-Liégault.
Machéroménil	—	1855	—
Hagnicourt	—	1857	—
Wignicourt	—	1858	—
Auboncourt-Vauzelles	—	1861	Perrin.
Corny	—	1861	—
Grandchamp	—	1864	
Margy	—	1868	Rozier-Martin.
Saulces-Monclin	—	1875	Perrin.
Chesnois-Auboncourt	3 cloches de l'église	1890	—
Vaux-Montreuil	2 cloches de l'église	1890	—
Wasigny	1 cloche de l'église	1892	J. Robert.
Novion-Porcien	2 cloches de l'église	1896	Farnier-Bulteaux.
Lucquy	1 cloche de l'église	1899	Drouot.

Tel est le résultat des vingt-huit ascensions — souvent périlleuses, toujours laborieuses — que nous avons faites, pour la plupart, en compagnie d'un guide aussi sûr que dévoué, auquel va de tout cœur notre reconnaissance filiale.

La lecture d'un texte campanaire, celle d'une cloche ancienne surtout, nécessite une grande habitude et une grande attention. Des textes de cloches disparues nous sont parvenus, mais bien peu sont complets et offrent une scrupuleuse reproduction de l'original. Presque toujours, la mention du fondeur fait défaut, soit que le copiste ait considéré ce détail comme négligeable, soit qu'il ait rencontré dans la lecture de la marque une difficulté que, seul, un œil exercé aurait pu vaincre. Telles qu'elles nous parviennent, ces inscriptions n'en constituent pas moins d'utiles données et il faut savoir gré aux personnes qui en ont pris copie et ont ainsi contribué à rendre plus complets nos carnets d'investigations locales et partant nos recueils d'épigraphie campanaire. Nous avons pu, de la sorte, reproduire, d'après une source autorisée[1], l'inscription d'une cloche du xviie siècle, à

<hr>

1. *Statistique diocésaine*, 1844, aux *Archives de l'Archevêché de Reims*. — Nous nous faisons un devoir d'exprimer ici notre sincère gratitude à M. le chanoine Lecomte, secrétaire général de l'Archevêché, pour l'obligeance qu'il a mise à nous communiquer ces renseignements.

Auboncourt-Vauzelles et celles de trois cloches modernes refondues dans le cours du xixe siècle, au Chesnois-Auboncourt, à Lalobbe et à Saulces-Monclin.

Il ne faudrait pas non plus borner les recherches à l'ascension au clocher, mais les poursuivre dans le dépouillement minutieux des anciens registres paroissiaux, des minutes notariales, des comptes communaux, etc. Nous avons puisé à ces sources chaque fois qu'il nous a été possible de le faire et notre peine s'est toujours trouvée récompensée par la découverte d'actes, relatifs à la fonte de cloches, que ces pièces d'archives sont seules à nous signaler. Des traités et des procès-verbaux de baptême ont été ainsi transcrits à la suite des textes existants, pour Herbigny (1656), Wagnon (1687), Mesmont (1743), Villers-le-Tourneur (1748), Sorcy (1770) et Novion-Porcien (1754, 1773).

Les recherches de ce genre gagnent parfois en trouvailles heureuses comme on peut le constater par celles que nous faisions récemment, aux archives de Rethel, relativement aux cloches de cette ville. Ces dernières notes viennent après coup, mais nous, les consignons ici en raison de leur intérêt. La première reme en mémoire Pierre Deschamps, le célèbre fondeur du gros bourdon de la Cathédrale de Reims [1] ; la seconde nous donne les noms des lorrains Nicolas de la Paix et Claude Minel, avec curieuse mention sur le rôle d'une cloche rethéloise pendant les troubles de la Ligue [2].

---

1. « Aud. Michel Bernet (hoste de la Fleur de Lys) pour despens faiz en son hostel par Messrs les eschevins ou estoient les officiers de Monseigneur après avoir marchandé à maistre Pierre des Champs, clocquement, pour faire une cloche pour la chappelle de la ville en l'an de ce compte à esté paié la somme de LX stz. » *(Archives de Rethel*, Comptes de Perinet le Viel et Raoullin Vignon, 1534-1535, CC. 100. — Pierre Deschamps fondit, en 1535, deux cloches pour l'église paroissiale de Rethel. Cf. H. JADART, *Le Bourdon de Notre-Dame de Reims*, Pièces justificatives, § I, dans les *Travaux de l'Académie*, 1884, p. 301.

2. « Le dix huictme d'avril aud. an a Nicolas de la Paix et Claude Mynel, fondeurs de cloche dem. à Levecourt, près de la Motte en Barrois. ordon. de quinze livres pour avoir faicte une cloche de fonte pesente huict vingtz deux livres et demie pour servir à la chapelle Nostre Dame lez St Ladre, et quant au métail a esté fourny par Mesd. srs, de la cloche ancienne de lad. chapelle qui fut retirée du chasteau dud. Rethel l'an 1611 où elle avoit esté portée dès l'an 1590 et posée sur la grosse tour pour sonner l'alarme pendant le remument de la Ligue ». *(Registre des ordonnances des échevins de la ville de Rethel*, 1611-1612, aux *Archives communales*, CC. 327). — *Levécourt*, aujourd'hui commune du département de la Haute-Marne, est situé dans l'ancien Bassigny. Tous les fondeurs de cette région se disaient Lorrains.

Quant aux fondeurs rencontrés dans le canton de Novion-Porcien, il ne nous a été donné aucun nom pour le XVIe siècle. Le XVIIe nous fournit les Voullemot et Brochart. Avec le XVIIIe siècle, nous retrouvons les Barbier, les Rois et les Blanpain et au XIXe les Farnier, Bauduin, Cochois, Barrard, Bague, Chevresson, Antoine et Loiseau (première moitié), Loiseau-Liégault, Perrin, Rozier, Drouot (seconde moitié).

Ainsi réunis et groupés, les éléments d'information prennent corps, le champ des renseignements acquis s'agrandit et permet de mieux éclaircir et de documenter l'histoire de ces familles de fondeurs et celle de l'art campanaire en France[1].

Il nous faut clore ici cette préface et produire dès maintenant les notes recueillies en cours d'excursions, notes que nous avons condensées en vingt-cinq articles, limités aux communes de la circonscription cantonale et terminés seulement, après deux ans de labeur, aux dernières envolées des Fêtes de Pentecôte.

AL. B.

Rethel, 10 juin 1901.

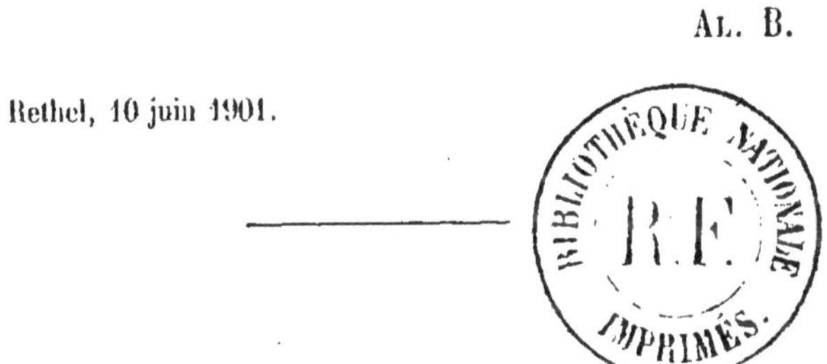

---

[1]. *L'art campanaire en France* du XIIIe au XIXe siècle, étude générale et documents par M. Jos. BERTHELÉ. L'auteur a déjà recueilli de nombreuses pièces pour cet ouvrage qui formera plusieurs volumes.

NOVION-PORCIEN

Le chef-lieu du canton présente, à distance, l'aspect d'un gros village aux abords bien proprets, mais l'archéologue n'y trouve d'autre attrait que les restes d'un château dont les longues et épaisses murailles sont seules à rappeler l'ancienne affectation.

L'édifice principal de la paroisse, l'église, ne remonte pas plus haut que la fin du XVIIIe siècle. Une sonnerie récente (1896) est venue se joindre à la cloche isolée, elle-même peu ancienne (1849), qui suffisait alors aux besoins du service. Ce serait là une bien maigre moisson si nous n'avions à donner les actes des deux baptêmes successifs des cloches bénites en 1754 et en 1773, par le curé *Simon* GODFROY dont on trouvera plus loin l'épitaphe.

Voici donc tout d'abord celui de 1754, pièce intéressante en ce qu'elle nous renseigne sur les seigneurs du lieu, et qui supplée aux textes mêmes, sans nous fournir toutefois le nom du fondeur :

« L'an de grâce mil sept cent cinquante quatre, le vingt-neuf
» septembre, a esté faite la bénédiction de deux cloches par maître
» Simon Godfroy prêtre curé de ce lieu, a esté nommé la plus
» grosse des deux Marie Françoise Collet dont le parinne a esté très
» haut et très puissant Messire François Joseph marquy Le Dannoy[1],
» chevallier, seigneur de Novion, Jeoffreville, Provizi, Sery, Mache-
» romeny, Fusigny, Courliézi et autre lieu, capitainne de cavalle-
» rie au régiment de Cranatte (?) demeurant ordinairement à son dit
» châtaux de Fusigny, tant en son noms que ce faisant et portant
» fort de très haut et très puissante demoiselle Marie Françoisse
» Collette le Danoy de Cernay, fille de très haut et très puissant
» seignieur messire François Marie Le danoy, marquy de Cernay,
» lieutenant generalle des harmé du Roy, grand Croy de l'ordre
» royal millitaire de St Louis, et de très hault et très puissante
ι dames Marie Françoisse Collette de la paroisse de Noisy (?) son

1. Le 22 novembre 1774, Marie-Françoise-Augustine-Ursule Le Danois, porta par mariage les seigneuries de Geoffreville et de Novion, dans la maison d'Arenberg, cf. Ed. SÉNEMAUD, *La Noblesse des Ardennes à la Cour, Revue hist. des Ardennes*, 1864, T. I, p. 332 et suiv.

» épouse, ses père et mère, et lequel seigneur a fait et cons-
» tutuée esdit noms pour son procureur généralle, M° Jean-
» Baptiste Laignier, conseiller du roy, lieutenant de maire de la ville
» de Chataux Portien, y demeurant, et a esté assisté de demoiselle
» Marie Ludinart veuf du sieur Gérard Hoste, ausquel il a donné
» plin et entier pouvoir, tan pour luy que laditte demoiselle de
» Cernay, generalle et espécialle, de pour eux et en leurs noms, de
» les représenter en la cérémonie quy ce fait le jour moy et an que
» dessus, suivant la procuration faite et passée à Chataux Portien,
» le quatorziesme septembre de la présente année et à l'égard de la
» premier desd. cloche, la bénédiction faite comme dessus énoncée,
» a esté nommé *Gabriel Angélique*. Le parin a esté haut et puissant
» seigneur Messire Charles Antoine de Rémont, chevallier, sei-
» gnieur d'Arzilmont, Provizy, Novion, Inomont et autre lieu, la
» marine a esté très haulte et très puissente dames madame Gabrielle
» Angélique de Rémont, épouse de haut et puissant seignieur
» messire Charles Gabrielle Claude de Chartogne, chevallier,
» viconte de Pernant et de Villehommé, seigneur de Bertoncourt,
» la Follie, Sorbons et autre lieu, ancien capitainne aux régiment
» du Roy Infanterie, et ont signé avec nous ledit acte le jour moy
» et an que dessus.

» *[Signé :]*   Remont d'Arzilmont
REMONT CHARTONGNE
Marie LUDINART   LAIGNIER
GODFROY, curé de
Novion ».

Les familles seigneuriales LE DANOIS, DE RÉMOND [1] et DE
CHARTONGNE [2] sont bien connues. Nous n'avons pas à nous étendre
sur leurs membres. Nous retrouvons le nom Le Danois dans le
document suivant qui relate la consécration de la nouvelle église,
à la date du 23 avril 1773, le jour même de la bénédiction des trois
cloches de la paroisse :

« L'an de grâce mil sept cent soixante-treize, le vingt-trois avril,
» je soussigné, Simon Godfroy, Prêtre-Curé de la paroisse de
» St-Pierre de Novion en Portien, délégué par Monsieur Jacque-
» mart, Vicaire-Général de son Eminence Mgr l'Archevêque de
» Reims, suivant la permission qui m'a été accordée en datte du

1. Cf. *Travaux de l'Académie de Reims*, T. LXXX, 1888.
2. Cf. *La Famille de Chartongne*, par P. PELLOT, 1885.

» vingt avril de la présente année, certiffie avoir fait la Bénédiction
» de la nouvelle Eglise sous l'invocation de St-Pierre, premier
» apôtre, patron et seigneur de ce lieu, et observé toutes les for-
» malités requises et cérémonies accoutumées de l'Eglise, lesdits
» jour, mois et an que dessus, assisté du Clergé et en présence
» de toute la paroisse assemblée qui ont signé avec nous le présent
» acte.

» Je certifie, en outre, que le même jour, deux heures de
» relevée, j'ai fais la Bénédiction des trois cloches dont les parrein
» et mareine ont été Monsieur Nicolas Dunesme, juge en garde de
» Joffreville, Novion et Provizy, et la mareine Demoiselle Margue-
» rite Auvray, fille majeure de cette paroisse, lesquels parrein et
» mareine, fondés de procuration et représentants Messire François-
» Marie Le Danois, Marquis de Cernay, Lieutenant Général des
» armées du Roy, Gouverneur du Quesnois, seigneur de Rainnes et
» autres lieux, etc. Et très puissante Demoiselle Françoise-Marie-
» Ursule-Augustine Le Danois, Dame de Joffreville, Novion, Pro-
» visy et autres lieux, lesquels parrein et mareine es dits ont nom-
» més la grosse cloche pezant dix-sept cents quarante-cinq, *Marie*,
» la seconde pezant treize cents quarante-cinq a été nommée *Fran-
» çoise*, et la troisième pezant neuf cents quarante-cinq a été nommée
» *Ursule*, qui sont les noms de la Dame Le Danois, nonobstant
» les inscriptions contraires qui se trouvent sur les dittes trois
» cloches et ont lesd. parrein et mareine signés avec nous les jour,
» mois et an que dessus. *(Suivent les signatures)*[1] ».

Comme simple commentaire, nous ne ferons que reproduire
l'inscription tombale du curé d'alors.

A LA GLOIRE DE JÉSUS-CHRIST
LE SOUVERAIN PASTEUR
†
CY GIST
MESSIRE SIMON GODFROY
NATIF DE CHARLEVILLE
CURÉ DE CETTE PAROISSE PENDANT 54 ANS
CETTE EGLISE
LUI DOIT SON RÉTABLISSEMENT
PASTEUR CHARITABLE

1. Nous devons la copie de cet acte à l'obligeance de M. Deborde, instituteur à
Novion-Porcien.

— 4 —

Il étoit le Père des Pauvres
ouvrier infatigable
Il montra le feu de son zèle
dans la maladie
Epidémique de cette Paroisse
dont il mourut le 12 avril 1784
a l'age de 64 ans
Son troupeau publiera a jamais
son mérite et ses vertus
et son nom vivra dans
la mémoire de nos descendants
Au nom du Seigneur
qu'il repose en paix.

(Haut : 0^m97 ; long : 0^m72).

Les renseignements sur la carrière sacerdotale du vénérable prêtre ne nous manquent pas[1] et lui-même nous apprend que les cloches fondues en 1754 avaient été renouvelées en 1773. Voici sa réponse, écrite de sa main, l'année suivante, dans l'article relatif aux cloches à la demande de l'enquête diocésaine, curieuse à consulter pour l'histoire de la paroisse : « Le clocher est neuf et les » cloches ont estées refondues l'année dernière 1773. »[2]

Il nous reste à publier les inscriptions des trois cloches actuelles, la plus ancienne de 1849 et les deux autres bénites en 1896, comme nous le disons plus haut.

1re cloche :

† J'AI ÉTÉ FONDUE SOUS LA RÉPUBLIQUE EN 1849 ET BÉNITE PAR Mr HIPPOLYTE LAGNEAU, CURÉ-DOYEN DE NOVION-PORCIEN. J'AI EU POUR PARRAIN Mr PHILBERT DUCHENE, PROPRIÉTAIRE NÉGO-CIANT, MEMBRE DU CONSEIL MUNICIPAL ET LIEUTENA[N]T DE LA

---

1. Simon Godfroy, né à Charleville le 12 février 1716, prêtre en 1740, gradué en 1744 fut d'abord desservant à Sorcy, puis vicaire à Rethel en 1742 et desservant de ladite cure à la mort de M. Chauveau, curé de la ville en 1745. Il fut nommé à la cure de Novion en 1747.

2. *Questionnaire de 1774*, aux *Archives de Reims*. Série G. Fonds de l'Archevêché.

COMPAGNIE DE POMPIERS
DE NOVION ET POUR MARRAINE M^E MARIE F^{SE}
JOSÉPHINE ROGELET, SON ÉPOUSE. ILS M'ONT
NOMMÉE
MARIE-JOSÉPHINE EN PRÉSENCE DE
MR FÉLIX MARCHAND, MAIRE.

Christ.   *Sainte Vierge.*

LOISEAU ARSÈNE, FONDEUR.

(Diamètre : 1ᵐ 10).

2ᵉ cloche :

Premier côté :

L'AN 1896, XIVᴱ CENTENAIRE DU BAPTÊME DE
LA FRANCE.

J'AI ÉTÉ FONDUE AVEC MA SŒUR GERTRUDE
AUX FRAIS DE MR GÉRARD AUGUSTE GERBEAUX
ET DE MLLE ELISABETH-GERTRUDE GERBEAUX,
SA FILLE.

J'AI ÉTÉ BÉNITE PAR MR COMPANT, VICAIRE
GÉNÉRAL DE S. E. MGR LE CARDINAL LANGÉ-
NIEUX, ARCHEVÊQUE DE REIMS.

Saint Nicolas   *Crucifix*   *Sainte Vierge*

Deuxième côté :

J'AI EU POUR PARRAIN AUGUSTE GERBEAUX
ET POUR MARRAINE MARTHE FÉQUANT.
JE M'APPELLE AUGUSTINE-MARTHE.
AUGUSTE MINET, CURÉ-DOYEN DE NOVION-
PORCIEN.
HONORÉ FÉQUANT, MAIRE. ÉMILE PHILIPPO-
TEAUX, ADJOINT.

Saint-Paul   *Figure de*   *Saint-Pierre*
Jeanne d'Arc.

FONDERIE JEANNE D'ARC, FARNIER-BULTEAUX
ET FILS A MONT PAR DUN. MEUSE.

(Diamètre : 1 mètre).

3ᵉ cloche :

Premier côté :

L'AN 1896, XIVᵉ CENTENAIRE DU BAPTÊME DE LA FRANCE.

J'AI ÉTÉ FONDUE, AVEC MA SŒUR MARTHE, AUX FRAIS DE Mʳ GÉRARD-AUGUSTE GERBEAUX ET DE Mˡˡᵉ ÉLISABETH-GERTRUDE GERBEAUX, SA FILLE.

J'AI ÉTÉ BÉNITE PAR Mʳ COMPANT, VICAIRE-GÉNÉRAL DE S. E. Mᴳʳ LE CARDINAL LANGÉNIEUX, ARCHEVÊQUE DE REIMS.

Un Saint   *Christ*   *Sainte Vierge*

Deuxième côté :

J'AI EU POUR PARRAIN EUGÈNE FÉQUANT ET POUR MARRAINE GERTRUDE GERBEAUX.

JE M'APPELLE EUGÉNIE-GERTRUDE.

AUGUSTE MINET, CURÉ-DOYEN DE NOVION-PORCIEN.

HONORÉ FÉQUANT, MAIRE. EMILE PHILIPPO-TEAUX, ADJOINT.

Saint André.   *Figure de*   *Saint Jean.*
Jeanne d'Arc.

FONDERIE JEANNE D'ARC. FARNIER-BULTEAUX ET FILS A MONT PAR DUN. MEUSE.

(Diamètre : 0ᵐ85).

Tous ces noms sont connus et nous ne les ferons suivre d'aucune autre note.

Suffisante pour la paroisse, la sonnerie actuelle est harmonieuse, mais la valeur marchande y a pris la place de l'art si recherché des vieux fondeurs, et qu'il serait tant souhaitable de voir revivre sur le bronze de nos cloches modernes.

II. — AUBONCOURT-VAUZELLES

Auboncourt-Vauzelles est arrosé par la Saulce, ruisseau qui traverse le canton du nord au sud et qui fait mouvoir, non loin du village, le petit moulin de Waselin, d'origine très ancienne[1].

Son église, rebâtie au XVIIe siècle, probablement après sa ruine pendant les guerres de la Fronde[2] n'offre aucun souvenir du passé depuis la refonte de l'ancienne cloche qui avait été bénite en 1691. Son inscription nous est du moins connue[3].

> ✝ *Je suis dédié (sic) pour le service de Dieu à l'église de la paroisse d'Auboncourt entre les Bois, sous l'invocation du B. Z. (?) S. Martin.*
>
> *L'an 1691, j'ay eu pour parein Monseigneur Armand Charles, duc de Mazarin, la Meilleray, Mayenne, pair de France, chevalier des ordres de Sa Majesté, prince de Portien, seigneur de ce lieu, gouverneur des Hautes et Basses Alsasses &.*
>
> *J'ai été nommée Armande, et bénite par Me Jean Paquier, pbre, curé de ce lieu.*

Des fleurs de lis ornaient la partie supérieure du bronze[4].

Les possesseurs du duché de Rethel, titulaires de la seigneurie[5], sont assez connus pour qu'il soit besoin de donner ici leur biographie.

1. 1774. — « Le moulin ou fief de Luquy dit Vuaslin de la justice de Novy distant du dit lieu d'environ une demie lieue est de la paroisse de Novy et n'en n'est séparé ni par bois, ni par rivière ». (*Arch. de Reims*, S. G. Fonds de l'Archev.)

2. « *Auboncourt-les-Vauzelles*, au sr du Bac... comptent quatorze maisons brûlées ; *la moitié de l'église brûlée*. Ne restent que dix maisons... » (*Statist. des élections de Reims, Rethel et Sainte-Ménehould, dressée en 1657, par Terruel, T. 74 des Trav. de l'Acad. de Reims*, 1882-1883, p. 348).

3. *Statistique diocésaine*, 1844, aux *Archives de l'Archevéché*.

4. *Idem.* — La cloche, nous apprend ce document, pesait 900 kil.

5. « Les seigneurs de la paroisse sont pour Auboncourt, Madame la duchesse de Mazarin, à Paris ; pour Vauzelles, Monsieur de Vuignacourt, demeurant à Donjeux, proche Saint-Disier et pour Monclin, dépendance d'Auboncourt, Madame Roger, de Reims. Ils n'ont aucun droit honorifique ». (*Questionnaire de 1774, aux Archives de Reims*, Série G, *Fonds de l'Archevéché*).

Le curé *Jean* PAQUIER, nommé en 1690, signe un baptême le 20 février de cette année. Il mourut le 30 juin 1700 et fut inhumé dans le chœur de l'église d'Auboncourt.

La pierre tumulaire d'un de ses prédécesseurs, Claude Richart, a été récemment retrouvée et replacée sous la chaire par les soins du curé actuel, M. l'abbé Emile Paquis.

On lit sur six lignes :

Ici repose le
corps de Me Claude
Richart, prêtre
Dauboncou....
qui trépassa le
10 ....nvier 1689.

Le document contemporain auquel nous avons emprunté l'inscription reproduite plus haut, nous fait connaître également l'existence d'une plus petite cloche nommée *Charlotte* du nom de sa marraine Charlotte Petit, sœur du curé d'Auboncourt, Jacques-Arnoult Petit, en exercice dans la paroisse en 1750 et mort le 23 avril 1754.

La cloche actuelle porte l'inscription suivante :

D'un côté :

AUBONCOURT, VAUZELLES, MONCLIN
EN 1861, J'AI ÉTÉ BÉNITE PAR M. SÉBASTIEN BLONDEL,
CURÉ DE CETTE PAROISSE.

Crucifix

Sur l'autre :

J'AI EU POUR PARRAIN
PIERRE-ANTOINE THOMAS, MAIRE DE LA
COMMUNE.
ET POUR MARRAINE
NICOLE-JEANNE BRISSART, SON ÉPOUSE.
JE M'APPELLE MARIE-ANTOINETTE.

Ste-Vierge

FONDERIE PERRIN A MÉZIÈRES, ARD.

M. Sébastien Blondel, curé de Novy et desservant d'Auboncourt
de 1825 à 1866, mourut le 9 août 1883, à l'âge de 83 ans.

AUBONCOURT avec VAUZELLES et MONCLIN fut érigé en cure par
ordonnance de Charles-Maurice Le Tellier, archevêque de Reims,
du 17 juin 1681 ; cette ordonnance érigeait également en cure
Novy avec le village de Chevrières et les censes de Corny-la-
Cour et Cornicelle pour dépendances et annexait l'église de Corny-
la-Ville à celle de Machéroménil (*Arch. de Reims, Fonds de l'Ar-
cher. G.* 280).

Monclin possédait autrefois une chapelle. (Cf. ED. SÉNEMAUD,
Cartulaire du Prieuré de Novy, Rev. hist. des Ardennes. T. VI.
p. 41).

III. — CHESNOIS-AUBONCOURT (LE)

Sa situation au centre des *Quatre Vallées,* au milieu des collines
couronnées de bois et des arbres fruitiers, en rend l'aspect agréable. Sur la place publique se trouve la halle, siège des marchés
pendant la saison des fruits, et non loin de là, près du groupe sco-
laire, l'église récemment reconstruite[1].

Trois cloches solidement montées sur charpente en fer garnis-
sent le nouveau beffroi. Bénites en 1890, par S. E. Mgr le Cardinal
LANGÉNIEUX, elles sortent des ateliers du fondeur ardennais PERRIN
et portent sur leurs flancs les noms du curé, M. BONHOMME,
encore en exercice, de M. MICHEL, doyen de Vendresse, et ceux
des familles HAVET et TORCHET :

1. Grosse cloche (Diamètre : 1ᵐ 15) :

---

1. En 1774, Albert-Antoine Herbout, chanoine régulier de l'ordre de Prémontré,
prieur-curé du Chesnois donnait les renseignements suivants sur la paroisse qui était
attachée à la crosse de Sept-Fontaines : « *Patron :* M. l'abbé Guillon de St-Val, abbé
commendataire de l'abbaye de Sept-Fontaines, ordre de Prémontré, diocèse de Reims.
— *Seigneurs :* M. Collart de Boutancourt, résident à Châlons-sur-Marne pendant six
mois et six mois au Chesnois où il ne jouit d'aucuns droits honorifiques, seigneur
pour une partie et Messieurs les abbé, prieur et religieux de l'abbaye de Sept-Fontaines
pour l'autre. — *Dimes :* Messieurs les abbé, prieur et religieux de l'abbaye de Sept-
Fontaines pour le tout ; le curé est en portion congrue ». *(Arch. de Reims, S. G.
Fonds de l'Archevêché).*

J'AI ÉTÉ BÉNITE L'AN 1890,

PAR SON ÉMINENCE Mᵍʳ BENOIT-MARIE LAN-
GÉNIEUX, CARDINAL ARCHEVÊQUE DE REIMS.

Mʀ FRÉDÉRIC-ANTOINE BONHOMME, CURÉ ET
BIENFAITEUR DE L'ÉGLISE.

JE ME NOMME MARGUERITE-JEANNE-ADOL-
PHINE-AUGUSTINE-ALBERTINE.

J'AI EU POUR PARRAIN Mᴱ JEAN-BAPTISTE-
ADOLPHE HAVET, MAIRE DE CHESNOIS-AUBON-
COURT.

ET POUR MARRAINE Mᴹᴱ MARGUERITE-AUGUS-
TINE HUET, SON ÉPOUSE.

Crucifix.

Sur l'autre face :

FONDERIE DE PERRIN A MOHON.

2. Moyenne cloche (Diamètre : 1ᵐ) :

Première face :

ORO LAUDO LUGEO GAUDEO VOCO
IN HONOREM DEI B. MARLÆ S. MICHÆLIS
J'AI ÉTÉ BÉNITE L'AN 1890
PAR SON ÉMINENCE Mᵍʳ BENOIT-MARIE LAN-
GÉNIEUX, CARDINAL ARCHEVÊQUE DE REIMS.
Mʀ FRÉDÉRIC-ANTOINE BONHOMME, CURÉ ET
BIENFAITEUR DE L'ÉGLISE.
Mʀ JEAN-LOUIS MICHEL, PRÉSIDENT DU CON-
SEIL DE FABRIQUE.

Crucifix.

Deuxième face :

JE ME NOMME PLACIDE
J'AI EU POUR PARRAIN Mʀ JEAN-BAPTISTE-
PLACIDE MICHEL, CURÉ-DOYEN DE VENDRESSE.
ET POUR MARRAINE Mᴱˡˡᴱ MARIE-LUCIE
MICHEL, QUI M'ONT DONNÉE A L'ÉGLISE Sᵗᴱ
MARGUERITE DU CHESNOIS.
FONDERIE DE PERRIN A MOHON.

3. Petite cloche (Diamètre : 0^m90) :

Première face :

J'AI ÉTÉ BÉNITE L'AN 1890
PAR SON ÉMINENCE MGR BENOIT-MARIE LAN-
GÉNIEUX, CARDINAL ARCHEVÊQUE DE REIMS.
MR FRÉDÉRIC-ANTOINE BONHOMME, CURÉ ET
BIENFAITEUR DE L'ÉGLISE.

Deuxième face :

JE ME NOMME JEANNE-MARGUERITE-NATHALIE
J'AI EU POUR PARRAIN MR JEAN-BAPTISTE
TORCHET, TRÉSORIER DE LA FABRIQUE.
ET POUR MARRAINE MME JEANNE-MARGUERITE-
NATHALIE HAVET, SON ÉPOUSE.
PETITS PARRAINS HENRI ET LÉON TORCHET
PETITE MARRAINE PHILOMÈNE TORCHET.
FONDERIE DE PERRIN.

Crucifix.

Une décoration Renaissance avec médaillons du Christ se trouve à la partie supérieure de chacune d'elles ; au-dessous du texte guirlandes de feuillage, figures du Christ, de la Vierge et de Ste Marguerite terrassant le dragon.

Cette figure de Ste Marguerite, la patronne de la paroisse, se voyait sur le bronze de l'ancienne cloche dont nous pouvons reproduire l'inscription. Seule dans le clocher de la vieille église, elle avait été bénite en 1803 et coulée par le fondeur bien connu : C. FARNIER.

L'an 1803 et l'an XI de la République, j'ai été bénite. Mon parrain Jean-Baptiste Leriche, cultivateur et maire de la commune du Chesnois ; ma marraine Marie-Françoise Moreau, son épouse.

Sous le Crucifix :

C. Farnier m'a fait.

IV. — CORNY & MACHÉROMÉNIL

Corny et Machéroménil, sa section[1], ont chacune leur église particulière, toutes deux remontant au xvi⁰ siècle, mais n'offrant rien de bien remarquable dans leur mobilier et leur architecture.

I. — ÉGLISE SAINT-DENIS DE CORNY

L'église de Corny située sur la place publique et entourée du cimetière est dominée par un petit clocher en ardoises de forme octogone. Celui-ci, avant la Révolution, contenait deux cloches que le curé Claude Le Roy, indiquait, en 1774, comme étant en bon état[2]. A cette date, des travaux de consolidation devaient être faits au chœur de l'édifice qui avait vu sa nef réparée l'année précédente[3].

L'unique cloche restée après la tourmente révolutionnaire dut être refondue en 1821. La nouvelle qui pesait 400 kilogr. dura à peine trente ans. Sa refonte eut lieu en 1861 aux frais de la commune ; elle fut bénite le jour de la Pentecôte. En voici l'inscription :

EN 1861

✝ J'AI ÉTÉ BÉNITE PAR Mᴿ BLAVIER CURÉ DE
CORNY

JE M'APPELLE JOSEPH-MARIE-EUGÉNIE

J'AI EU POUR PARRAIN

FERDINAN LECLERC, MAIRE

ET POUR MARRAINE

FÉLICITÉ-EUGÉNIE LECLERC

Sᶜ-Vierge

FONDERIE PERRIN A MÉZIÈRES ARD.

(Diamètre : 1ᵐ).

---

1. Outre Machéroménil, sa principale dépendance, Corny possède encore sur son terroir, les fermes de Lautreppe et de Cornicelle.

2. *Archives de Reims*, Série G. Fonds de l'Archev.

3. *Id.* — Les Archives de Reims conservent aussi pour l'année 1689 le « mémoire des charois et journées faites par les habitans de Corny pour les réparations des murailles, charpente et couverture de la nef de l'église dudit lieu ». — Des travaux importants de réfection sont exécutés en ce moment à l'abside et le portail va être reconstruit dans sa totalité.

Nous ne ferons que mentionner le long exercice du curé BLA-
VIER, né au Chesnois le 5 mars 1800 et mort le 7 juin 1890, après
avoir desservi Corny pendant 59 ans.

II. — ÉGLISE DE MACHÉROMÉNIL

L'édifice est sans clocher. Une haute croix de fer surmontée
d'un coq existe sur la nef dont les combles, moins élevés que ceux
du chœur et du sanctuaire, abritent la cloche ; celle-ci est moderne ; elle en remplace une plus ancienne dont l'inscription nous
reste inconnue ; nous savons simplement qu'elle datait de 1602 [1]
et qu'elle en accompagnait une autre avant la Révolution. Le
questionnaire déjà cité nous apprend, pour Machéroménil, que
« les cloches quoique petites sont bonnes et sont pendues dans le
» gregnier au-dessus du portail ». C'est le seul renseignement que
nous pouvons reproduire sur les cloches antérieures avant de
donner l'inscription qui se lit sur le bronze actuel :

✝ FONDUE EN 1855

J'AI ÉTÉ BÉNITE PAR Mr J.-J. BLAVIER, CURÉ
DE CORNY ET MACHÉROMÉNIL. J'AI POUR
PARRAIN Mr J.-B. PATOUREAUX, ADJOINT ET
POUR MARRAINE Me MAGDELAINE DUGUET, SON
ÉPOUSE. ILS M'ONT NOMMÉE MAGDELAINE-
LISSANTHE.

Crucifix

1. Renseignement fourni par la *Statistique diocésaine*, 1844, ms. aux *Archives*
de l'Archevêché de Reims.

2. « *Extrait du registre des délibérations et comptes de la paroisse de Machéroménil.* — Séance du 30 mars 1856, dimanche de Quasimodo. — Compte arrêté entre
M. le curé de Corny-Machéroménil, M. Henrion, trésorier de la fabrique et M. Loiseau-
Liégault, fondeur de cloches à Mézières, pour fourniture de la cloche de Machéroménil
le 17 avril 1855. Cette cloche pesant deux cent cinquante-quatre kilos cinq cents
grammes à raison de quatre francs le kilo, donne la somme de.   .   1018 fr.

    pour fourniture et accessoire, prix commun. .   .   .   .   50 »

                  TOTAL. .   .   .   .   .   1068 fr.

M. Loiseau, reprend l'ancienne cloche à raison de trois francs le kilo, cette cloche
pesant cent quinze kilos, donne pour chiffre la somme de. .   .   .   345 fr.

    Reste dû par la fabrique. .   .   .   .   723 fr.

Arrêté au Conseil dans la séance susdite.

    (Signé :) GAILLARD,
          HENRION,
          BLAVIER ».

(Communication de M. l'abbé A. Sauvegrain, curé de Corny, 14 novembre 1898).

FONDERIE DE LOISEAU-LIÉGAULT A MÉZIÈRES

(Diamètre : 0^m80).

Faisons remarquer seulement le prénom de *Lissanthe*, assez rare dans la région et porté par la petite marraine de la cloche Madeleine-Lissante Patoureaux, encore existante.

V. — FAISSAULT

La paroisse de Faissault ne remonte pas au-delà du XIIIe siècle [1], son église actuelle date du XVIe [2] quant à l'abside, mais l'unique cloche qu'elle abrite est moderne, sans intérêt par conséquent pour nous. Le son en guide néanmoins le voyageur à distance et nous annonçait à nous-même l'approche du village que nous gagnions, l'an dernier, par une belle après-midi de mai, en venant de Margy, à travers les cerisiers en fleurs.

Voici le texte lu sur cette cloche lors de notre visite de l'église dans laquelle nous n'avons rien eu à noter comme œuvres d'art ou vestiges du passé.

✝ L'AN 1823, J'AI ÉTÉ BÉNITE PAR MR FRANÇOIS GRULET, CURÉ DESSERVANT LA PAROISSE DE FAISSAULT. J'AI ÉTÉ NOMMÉE ANDRIENNE

PAR MR ANDRÉ ROBERT, AGÉ DE 18 ANS, FILS DE MR ROBERT, MAIRE DE LADITTE COMMUNE ET PAR DAME JEANNE-NICOLE DERVIN AGÉE

DE

53 ANS, MÈRE DUDIT ANDRÉ ROBERT.

MR CAYASSE NICOLAS, MAITRE D'ÉCOLE DUDIT LIEU.

COCHOIS ET ANTOINE, FONDEURS.

1. Cf. Le texte original de la charte de fondation (1208) du village de Faissault aux *Archives de Reims*, Fonds de l'Abbaye de St Remi, Liasse 96.

2. Le Pèlerinage de Saint Druon y attirait de nombreuses personnes à la fin du siècle dernier : « St Druon, dont quelques reliques sont dans l'église de Fachaux, est en vénération ; on l'invoque dans la maladie et on en fait mémoire la 2e fête de la Pentecôte. Beaucoup de monde se rend dans cette église ce jour-là... » (Réponses au *Questionnaire de 1774*, aux *Archiv. de Reims*).

De plus amples renseignements sur ces noms seraient super-flus, le bronze suffisant à en fixer le souvenir dans la commune même.

Notons seulement la situation du maître d'école du lieu un demi-siècle auparavant : « Il y a un maître d'école, point de maitresse, il n'est pas fondé. Chaque ménage lui donne trente sols par ans ; il a cinq sols de chaque enfant par mois qui va à son école. Ses appointements tant fixes que le casuel peuvent aller à 120 livres. Le curé et les paroissiens le présentent... » *[Questionnaire de 1774]*.

———————•

VI. — FAUX

Situé sur une colline, le village de Faux d'origine très ancienne, domine la vallée de l'Aisne. Son église [1] toujours entourée du cimetière qu'ombrage un magnifique marronnier séculaire, a conservé l'une des plus vieilles cloches du diocèse. Bénite sous le règne de François Ier, en 1523, elle est restée dans la vaste charpente du clocher rétabli dans l'état où il est actuellement, après sa ruine par la foudre en 1678 [2].

Une seule ligne, en caractères gothiques, se lit au sommet, entre deux filets. Une croix précède l'inscription :

† ℓan miℓ v⁽ et xxiii fume benite par m⁽

noeℓ ℓe gras cure de ffaug

(Diamètre : 0ᵐ80).

Le mot *fume* qui semblerait indiquer la fonte simultanée d'au moins deux cloches et sur lequel se remarquent des défectuosités du métal provenant de l'insuffisance de finesse de la *potée* em-

---

1. Au-dessus du petit portail gothique on peut lire cette date : *L'an de grace* V C *LVIII* (1558). La date de 1707 visible au nord indique un remaniement de cette partie de l'édifice.

2. «.... Le clocher a été ruiné par la foudre en 1678... ». Visite de l'église de Faux, 1689. — *Arch. de Reims*, (Fonds de l'Archev., S. G. 280).

ployée lors du moulage de l'inscription, présente une faute d'orthographe évidente du fondeur, faute renouvelée dans le mot *bénite* au singulier.

La seconde partie de la date xxiii est ornée de jolis rinceaux. Au-dessous du texte, trois fleurs de lis espacées.

La cloche ne porte pas de nom de fondeur, pas plus d'ailleurs, qu'elle ne renseigne sur les parrain et marraine qui présidèrent à sa bénédiction.

Nous ne pouvons rien ajouter au nom du curé *Noël* LEGRAS, les documents relatifs au xvi° siècle étant assez rares pour le village ; celui-ci dut souffrir des guerres de la Ligue, car en 1591, le curé du lieu, Noël Pichot, était réfugié à Rethel [1].

En 1542, le maïeur de Faux était Bertin Drollier ; il paraît avec Jean Villemet et Jean de Poix, de la localité, dans la revue, en armes, des habitants de Rethel et des communes voisines, Novy, Bertoncourt, Corny, faite au mois de juillet de cette année par Philbert d'Orjault, capitaine du château de la ville (*Arch. comm. de Rethel*, EE. 17).

VII. — GRANDCHAMP

Par sa situation aux abords des forêts du Bois-du-Château et de Signy-l'Abbaye, Grandchamp n'offre guère que des sites agrestes et des perspectives boisées.

Une église moderne se voit à l'entrée du cimetière, sur la place publique ; son unique cloche est récente [2].

On lit sur ses flancs :

J'AI POUR PARRAIN
Mᵣ ANTOINE-AUGUSTE DE FOURMENT
POUR MARRAINE
Mᵉ MARIE-EUGÉNIE APPOLINE HOULLIER
MDCCCLXIV

---

1. « Discrette personne Mᵉ Noël Pichot, prebtre, curé de Faulx, réfugié aud. Rethel ». (Acte du 26 août 1591, aux *Archives de Rethel*).

2. Les anciennes cloches étaient ainsi mentionnées dans le Questionnaire de 1774 : « Les cloches sont bonnes et en bon état, mais la couverture du clocher est très défectueuse. » Réponse de Etienne Rivière, curé de Grandchamp. (*Arch. de Reims*, doc. déjà cité).

M. JACQUES-QUENTIN-FÉLIX HOULLIER
MAIRE DE GRANDCHAMP
M. PIERRE-NICOLAS VIGNON
CURÉ DE LA PAROISSE

Ste-Vierge

(Diamètre : 0m90).

M. Antoine-Auguste de FOURMENT, Préfet du Pas-de-Calais, décédé le 30 octobre 1891, était le descendant direct de M. le Baron de Fourment qui avait été nommé Sous-Préfet de Rethel le 1er septembre 1814 et dont la conduite fut des plus louables pendant l'occupation russe ; son rôle énergique a d'ailleurs été rappelé avec détails dans une publication locale à laquelle nous renvoyons [1].

La marraine de la cloche, fille de M. Houllier, inspecteur des douanes à Strasbourg, plus tard attaché au Ministère des Finances à Paris, est la petite-fille de l'infortuné procureur-syndic du département de la Marne, Jean-Evangéliste Roze, originaire de Château-Porcien, guillotiné à Paris, comme on sait, le 13 juillet 1794, et dont la fille avait épousé M. Houllier, médecin à Sézanne [2].

Quant au curé de la paroisse, *Pierre-Nicolas* VIGNON, il mourut curé de Grandchamp et de Mesmont, le 6 décembre 1885, à l'âge de 73 ans.

Nos recherches dans les anciens registres de l'état-civil ne nous ont fourni aucun acte de baptême de cloches, ni d'autres renseignements intéressants que ceux relatifs à la famille de Clouet, seigneurs du lieu aux XVII° et XVIII° siècles que l'on trouve alliés avec les d'Aguizy, de Maubeuge, Canelle de Lalobbe, etc.

VIII. — HAGNICOURT

Le village et l'église d'Hagnicourt à demi cachés dans la verdure au fond d'un étroit vallon qu'arrose le ruisseau de Foivre ne manquent ni de charme pittoresque ni d'intérêt archéologique.

---

1. Cf. Chém PAUFFIN, *Rethel et Gerson*, 1845, p. 229 et suiv.

2. Cf. AL. BAUDON, *Le Livre de Raison de Jacques-Quentin Durand, avocat et bourgeois de Rethel au XVIII° siècle.* — Rethel, G. Beaurarlet, 1898, p. 20.

L'église (xiie et xive siècles) [1], n'a gardé aucune trace visible des inscriptions gravées sur les pierres tombales sous lesquelles reposèrent les membres des anciennes familles nobles du pays, les Lescuyer et les Saint-Quentin [2]. Un texte moderne gravé sur une plaque de marbre noir, rappelle la mémoire de ces derniers dans la chapelle seigneuriale ; on y lit, en lettres d'or, au-dessous d'un écusson portant : *d'azur à la face d'or, chargée d'une souche de gueules, à 3 molettes d'or en chef*, avec la devise : *In deo sortes meæ* :

A LA MÉMOIRE

DES

SAINT QUENTIN

DONT

LES NOMBREUSES GÉNÉRATIONS

REPOSENT

SOUS LES DALLES DE CETTE

CHAPELLE

Le portail de l'église est roman ; le transept de droite est éclairé par une large baie gothique. La tour, massive et quadrangulaire construction percée de baies ogivales, contient deux cloches. La plus petite, mais la plus ancienne, date de 1806 et porte ce texte :

† L'AN 1806, J'AI ÉTÉ BÉNITE PAR Mr JEAN BAPTISTE GAUTIER, DESSERVANT DE MAZERNY ET HAGNICOURT. J'AI EU POUR PARRAIN LE S^r

JEAN-BAPTISTE FAGOT, PROPRIÉTAIRE ET ADJOINT ET POUR MARRAINE MARIE-JEANNE ROLLAND, SON ÉPOUSE.

1. Les murailles de la chapelle méridionale conservent sous le badigeon des fragments de fresques qu'il serait intéressant d'étudier.

2. « A proximité de l'église existait un ancien château qui fut habité par les Lescuyer. De cette habitation, il reste les écuries transformées en maisons d'habitation. — Sur l'emplacement de la maison Quinart-Bourdier se trouvait aussi le château habité par les Boham et les Niger ; la propriété voisine porte encore aujourd'hui le nom de *Clos Boham*.

» Dans les anciens bâtiments de ferme de Maugré qui appartenaient à la famille de Saint-Quentin, M. Charbonneaux-Lebentre a retrouvé des petits canons à huit pans, ayant un mètre de longueur. Ces pièces proviendraient du château ». (*Monographie d'Hagnicourt*, ms, mémoire présenté au concours de l'Académie de Reims, 1901).

A l'opposite d'une figure de la Vierge :

C. FARNIER M'A FAIT.

(Diamètre : 0^m85).

Cette cloche fut probablement refondue avec le bronze de celle
que la Révolution laissa dans le beffroi dont la charpente avait
été renouvelée vers 1774. Trois cloches s'y trouvaient alors sus-
pendues [1].

Nous n'avons à retenir du texte moderne que le nom de la
famille Fagot, encore honorablement porté de nos jours.

La grosse cloche, fondue en 1857, porte les noms du curé
J.-B. Thomassin, décédé le 24 janvier 1892, à l'âge de 75 ans et
ceux de M. le Comte de Bruce et de Mme la Comtesse du Han,
née de Saint-Quentin :

† L'AN 1857, J'AI ÉTÉ BÉNITE PAR JEAN-
BAPTISTE THOMASSIN, CURÉ DESSERVANT DE
MAZERNY. J'AI NOM ADELAIDE. J'AI EU
POUR PARRAIN

MARIE-ROBERT-PROSPER, COMTE
DE BRUCE ET POUR MARRAINE ADELAIDE DE
SAINT-QUENTIN, COMTESSE DU HAN.

Sur la panse :

MES SONS PORTERONT
JUSQU'AUX PIEDS DE DIEU LES PRIÈRES
ET LES BÉNÉDICTIONS D'ICI BAS
POUR CELLE QUI FUT MA MARRAINE

Au bas :

FONDERIE DE
LOISEAU-LIÉGAULT
A MÉZIÈRES, ARDENNES.

Décorations : Palmes, guirlandes de feuillage, etc.

(Diamètre : 0^m90).

---

[1]. « Le clocher est en bon état. Il y a trois bonnes cloches dont la plus grosse pèse
quatre milles. Le beffroy est tout neuf ». *(Archives de Reims, Quest. de 1774)*.

Marie-Robert-Prosper, comte de Bruce, père de M. Charles-Hector-François-Prosper-Robert de Bruce, actuellement maire d'Hagnicourt et propriétaire du domaine d'Harzillemont [1], était fils de Charles-Hector, comte de Bruce, page du comte de Provence (Louis XVIII), officier supérieur de cavalerie, chevalier de Saint-Louis et de Malte, décoré de la Légion d'honneur, et de Barbe-Sophie Larcher de Chamont.

Il fut pendant de longues années membre du Conseil général des Ardennes.

La marraine de la cloche, Mᵐᵉ Adélaïde de Saint-Quentin, comtesse du Han, mourut le 24 juin 1857, dans sa 87ᵉ année, veuve de M. Nicolas Bernard, comte du Han [2].

La tombe d'un du Han se voit encore dans le chœur de l'église de Mazerny. On peut y lire [3] :

CY GIT

[MESSIRE] JACQUES GUY-ALDON DU HAN

[DE] CRÉVECŒUR, ÉPOUX DE [DAME]

MARIE FRANCOISE CLAIRE [DE] FAILLY

[CHEVALIER, SEIGNEUR] DE MAZERNY [CRÉVECŒUR]

[VANCE, DOUMELY, GIVRON ET JANDUN]

ANCIEN CAPITAINE AU RÉGIMENT DE TOULOUSE

DÉCÉDÉ LE 25 OCTOBRE 1776 DANS LA 78ᵉ ANNÉE

DE SON AGE

REQUIESCAT IN PACE

Les du Han de Crèvecœur étaient alliés aux d'Auger de Villers-le-Tourneur : Marguerite d'Auger, décédée le 30 janvier 1731 était veuve de Messire Daniel du Han de Crèvecœur en son vivant capitaine de grenadiers au régiment de Béarn (REG. PAR. *de Mazerny*). Sur les d'AUGER, voir art. VILLERS-LE-TOURNEUR.

---

1. Le château actuel d'Harzillemont reconstruit récemment à l'extrémité nord du village, vers Villers-le-Tourneur, forme une belle résidence flanquée de quatre tourelles aux angles, à l'entrée d'un magnifique parc.

2. Sa tombe se voit dans la chapelle du parc du château d'Harzillemont où furent transportées, lors du pavage de l'église, les pierres tombales des familles de Saint-Quentin et du Han.

3. Les mots placés entre crochets ont été rétablis dans la copie de cette épitaphe, prise par nous en juin dernier.

IX. — HERBIGNY

Arrosé par les ruisseaux de Doumely et de la Draize qui vont se réunir en aval du village à la rivière de Vaux, au-dessus de Justine [1], Herbigny était à la fin du XVIII° siècle, une annexe de cette dernière paroisse. Sa situation au milieu des trois cours d'eau, n'était pas sans rendre les communications difficiles entre les deux localités, surtout en hiver, lors des débordements, comme le représentait en 1774, le curé Nicolas Collardeaux, dans ses réponses au Questionnaire de l'Archevêché de Reims [2].

L'histoire du village pourrait présenter quelque intérêt dans ses rapports avec le Chapitre rémois et les Religieux de l'abbaye de Signy [3] ainsi que dans la vie de ses familles seigneuriales qui habitèrent les deux châteaux du lieu dont l'un en partie debout, donne encore l'idée du petit manoir Louis XIII [4].

Deux superbes tilleuls ornent l'entrée de l'église et atteignent de leur cime, en hauteur, la croix du clocher. Celui-ci, construit en avant du portail, sans goût et sans harmonie avec le petit édifice qui n'offre lui-même qu'un médiocre intérêt [5], vit probablement sa réédification s'opérer vers le milieu du XVIII° siècle, car en 1745, le procès-verbal de visite constate son état de délabrement : « Le clocher de l'église nous a paru en mauvais ordre, y lit-on, mais les paroissiens nous ont assuré qu'il y avoit un mar-

1. Au commencement du XIII° siècle un pont facilitait les relations entre les deux villages : Au mois de mars 1234, il intervint une sentence arbitrale par laquelle il fut convenu que le pont qui est entre Justine et Herbigny « super aquam quæ dicitur Veel inter Justines et Herbignis » sera réparé aux frais des habitants desdits lieux, qui en auront l'usage et que le Chapitre, le seigneur d'Herbigny et les habitants de Justine et d'Herbigny auront droit de pêche en la rivière qui est au-dessus et au-dessous dudit pont (Cf. *Arch. de Reims*, Fonds du Chapitre. Justine. L. 16, original parchemin, sceaux).

2. *Arch. de Reims*, Fonds de l'Archevêché, S. G.

3. Voir les pièces originales aux *Archives de Reims*.

4. Dans une récente communication, M. l'abbé Lannois, membre de la Société française d'archéologie, nous disait y avoir vu, il y a plusieurs années, une taque de foyer aux armes des Canelle.

5. Le seul document épigraphique est une épitaphe du XVII° siècle, gravée sur la muraille de la chapelle du sud, au milieu des noms de plusieurs générations d'habitants. En voici le texte, déjà peu lisible : *Hic iacet magister Ioannes Regnardus..... de Justine et de Herbigniaco qui obiit anno Do[mi]ni 1637, die decembris 10°. Oremus pro eo.*

ché de fait avec un ouvrier pour le rétablir »[1]. Ses deux cloches actuelles fondues par les Cochois, en 1821, portent les noms de cultivateurs du lieu et aussi celui du curé.

Nous reproduisons simplement leurs inscriptions.

Sur la plus grosse (Poids : 322 kil. 500 — Diamètre : 0^m70) on lit :

      ✝ L'AN 1821, J'AI ÉTÉ NOMMÉE MARIE-SIMONNE
ET BÉNITE PAR M. T. J. SMAL DESSERVANT
           D'HERBIGNY. J'AI EU POUR PARRAIN
MR P. S. CONSTANT, MAIRE, ET POUR MARRAINE DAME
            J. M. MILLART, SON ÉPOUSE
J.-B. BAUDRILLARD[2].

Au bas :
      LES COCHOIS FRÈRES FONDEURS.

Crucifix, avec figures de la *Vierge* et de *saint Pierre*.

Sur la plus petite (Poids : 227 kil. 500 — Diamètre 0^m65) :

     ✝ L'AN 1821, J'AI ÉTÉ NOMMÉE MARIE-PIERRE
ET BÉNITE PAR M. T. J. SMAL, DES^T D'HERBIGNY
          ET J'AI EU POUR PARRAIN
MR P. MACRA, TRÉSORIER DE LA FABRIQUE, POUR MARRAINE
          DAME MARIE N.
CONSTANT SON ÉPOUSE.

Au bas, dans un ovale, la marque du fondeur :
    P. F. COCHOIS LE JEUNE, FONDEUR.

Christ avec images de *saint Nicolas* et de la *sainte Vierge*.

Nulle autre inscription des cloches anciennes ne nous est parvenue, mais nous pouvons toutefois produire une pièce assez curieuse découverte par M. Paul Pellot, dans les minutes de

---

1. Visite de l'église d'Herbigny, faite le 22 septembre 1745 (*Arch. de Reims, Fonds de l'Arch.* Série G.)

2. Nous avons relevé sur la muraille extérieure de l'église, gravés au couteau, ces noms et ces dates : *Anthoine Baudrillart 1671 ; François Baudrillart, 1710.*

M⁰ Rousseau, notaire à Rethel, et obligeamment communiquée
par lui. C'est le traité passé le 31 juillet 1656 entre la communauté
du lieu et les fondeurs *Michel* Voullemot et *Jean* Brochart pour
la fourniture d'une cloche à l'église d'Herbigny.

*31 Juillet 1656. — Traité entre Michel Voullemot et Jean
Brochart, fondeurs de cloches, et la communauté d'Herbigny.*

(Barthélemy et Pauffin, notaires).

« Comparurent en leurs personnes Jacques Jadart, et Mathieu
» Sohellet, marguilliers de l'églize d'Herbigny, y demeurants, au
» nom et comme ayans charge et pouvoir des habitans et commu-
» nauté dudit Herbigny, assemblez en communaulté le jour d'hier.
» trentiesme du présent mois de juillet, suivant l'acte de ce dressé,
» demeuré attaché avec ces présentes, pour y avoir recours, as-
» sisté de discrette personne M⁰ Alart de Noleval¹, prêtre curé
» dudit Herbigny et de Justine, en personne, d'une part, et Michel
» Voilmot, et Jean Brochart, fondeur de cloches, dem. à Doncourt
» en Lorraine, estans présentement en cette ville de Retel, d'autre
» part, lesquels recongnurent avoir faict ensemblement la conven-
» tion qui ensuit, c'est asscavoir que lesd. Voilmot et Brochart
» ont promis fuire et faconner pour l'églize dudit Herbigny dans
» le quinzième septembre prochain, une cloche bien sonnahte et
» par faitte, et au regard des métaux nécessaires qui consisteront
» à deux cens cinquante livres ou environ, pour la pezanteur de
» lad. cloche, ils seront fournis et livrés à Rethel, audit temps,
» par lesd. Jadart et Sohellet esd. noms, avec la quantité de vingt-
» cinq livres de métaux pour fournir au déchet qui pouroit arriver
» et estante ladite cloche parfaitte et receue, les métaux restant
» appartiendront à lad. églize et communauté d'Herbigny, moyen-
» nant quoy iceux Jadart et Sohellet esd. noms, et en leurs purs
» et privez noms, ont promis aussy tost lad. cloche receüe, payer
» ausd. Voilmot et Brochart, la somme de vingt-cinq livres, plus

---

1. Son acte de décès est ainsi conçu : « L'an 1683 le 2 iour du moy de may est
» décédé M⁰ Allard de Noleval vivant pbre curé de cette eglise paroissiale de Justine,
» angé de soixante et quinze ans, ou environ, et a esté inhumé suivant son inten-
» tion en l'église de cette ditte parroisse ou nous l'avons conduit avec les cérémonies
» ordinaires.
    » J. De Metz
     » curé de Sery.
   Nicolas Carrez. »
(Regist. paroiss. de Justine).

» leur rendre et livrer audit Retel, au lieu qu'ilz désigneront,
» deux cordes de bois sec, deux poinsons de charbons et deux
» libvres de cire neufve pour le travail dicelle cloche, plus en
» faveur du présent traitté iceux Voilmot et Brochart ont promis
» faire une petitte cloche du poids de quatre à cinq libvres de
» métaux, qui seront pris et libvrés par lesd. marguilliers, à quoi
» faire, tenir, entretenir, payer, livrer et fournir, se sont les par-
» tyes obligés respectivement en leurs corps et biens, et solidaire-
» ment l'un pour l'autre, sans division ni discussion, renonçans
» au bénéfice de division droict et ordre d'iceux, sur peine, etc...
» fait et passé à Retel, avant midy, le trente uniesme juillet, mil
» six cens cinq^{te} six, pard^t nous not^{res} royaux, héréditaires en
» Victry, dem. aud. Retel, soubsignés, avec les partyes. lecture
» faite.

» M. VOULLEMOT, A. DE NOLEVAL.

» Et au regard des terres, carreaux, et liers pour façonner lad.
» cloche ils seront livrez par lesd. Voilmot et Brochart.

» J. JADA,   M. SOHELLET,   Jean BROCHART,
» PAUFFIN,   BARTHELEMY. »

Suit la procuration des habitants d'Herbigny :

« Du trentiesme jour du mois de juillet mil six cent cinquante six.
» Ce sont trouvé ensemblement Me Allard de Noleval, prêtre
» curé de Justine et Herbigni, d'une part, et dam^{lle} Marie Duguet,
» dame d'Herbigny et de Provizeux, dam^{lle} Anne d'Aland'huy,
» Michel le Jay, Pierre Denis, Mathieu Sohellet, Jean Heban, Jean
» Gorge, Jacques Jada, Charles Poullet, Jacques Peuchet, Antoine
» Heban, Jean Roche, Pierre Justinart, et Pierre Mistelle, tous
» habitans de la paroisse dudit Herbigny, d'autre part, estans en
» corps de communaulté, lesquelles partye après avoir considéré
» par ensemble, et du bon avis dudit sieur curé, touchant la grande
» nécessité qu'il y a pour affin de pouvoir avec dévotion célébrer
» le divin service qu'il seroit nécessaire de pourvoir à establir
» une cloche pour estre posé à la ditte église, pour estre employé
» à tout chose pieuse et dévote, et pour à ce parvenir il est néces-
» saire de pourvoir à l'eslection de deux hommes capables de
» traiter avec tel ouvrier qu'il trouveront bon pour faire laditte
» cloche, y faire faire les choses requis et nécessaire, pour ces
» causes lesd. sieur curé et les susd. habitans ont déclaré, et par

» les présentes, déclarent qu'il nomment, et par ces présentes,
» establissent les personne de Jacques Jadart et Mathieu Sohellet,
» marguilliers habitans dud. Herbigny ausquel ils ont, par ces
» présentes, donné, et par ces présentes, donc plein pouvoir,
» puissance général et spécialle de traiter avec tel ouvrier qu'il
» trouvera bon [1]......... à ceux qui travaillent a présente à la
» cloche de Rethel, arester avec iceux à quelle pris il jugeront
» bon à faire suivant [2]........ mesme de prendre et accepter ce
» qu'il conviendra de métal pour faire laditte cloche avec celui
» qui c'est trouvé à l'église dud. Herbigny en sorte de faire ce
» qu'il conviendra de tout choses quelconques pour le subjet et
» suivant l'advis dudit sieur curé et le tout lesd. *(en blanc)* promet-
» tent ensemblement d'avoir pour agréable ce qui sera fait par les
» susnommé sans y défaillir et de paier le pris de laditte cloche
» aussi tost la confection d'icelle, sans qu'il en reçoivent aucun
» déplaisir, en tesmoings de quoy ledit sieur curé a signé, lesd.
» habitans les jour et ans que dessus.

> » A. DE NOLEVAL, *Mari* DUGUET, *Ane* D'ALENDHUY,
> » M. LEGAY, M. SOHELLET, *Piere* DENIS, J. HÉBAN,
> » P. GORGE, JADA, *Charles* POULLET, L. PEUCHET,
> » A. HÉBAN, *la marque de Pierre* JUSTINART, *la*
> » *marque de Jean* ROCHE, *la marque de Pierre*
> » MISTELLE, *la marque de Jacques* PEUCHET. »

Les noms de *Marie* DU GUET et de *Anne* D'ALEND'HUY qui pa-
raissent au traité et qui figurèrent, sans nul doute, sur la cloche,
sont pour nous l'occasion de donner quelques mentions sur les
diverses familles seigneuriales d'Herbigny, tirées des anciens
registres paroissiaux :

1676. — Louis d'Argy, écuyer, major d'un régiment de cavalerie en 1687 ; son acte de décès du 31 mars 1711, le qualifie seigneur de Herbigny et de Sery en partie et « veuf en premières
nopces de damoiselle Marie Claire de Lysogne. »

1688. — Pierre du Guet, écuyer « marit en premières noces de
damoiselle de Courioulle », décédé le 11 novembre 1693 (67 ans).
Son épouse mourut le 2 mars 1726, âgée de 100 ans, laissant entre
autres enfants Marie-Claire, mariée le 9 février 1688, à François

---

1. Mots arrachés.
2. Mots arrachés.

Canelle « sieur de la Brassière » fils de Jacques-Firmin Canelle, « baillif de Château-Portien » et de Nicole Vaucher.

1689. — Fery de Saillans, écuyer, marié à Anne d'Alend'huy, fille de Christophe d'Alend'huy, écuyer, seigneur du Champ de la Grange et de Jeanne de St Quentin.

1695. — Pierre de Saillan, écuyer, qui épousa le 19 mai 1698 Madeleine d'Artaize, fille de Messire Charles d'Artaize en son vivant seigneur de Morgny et de Jacqueline d'Alend'huy. Pierre de Saillan mourut le 15 avril 1709 (48 ans) et sa femme, le 10 février 1757 (92 ans). — Suzanne de Saillan, fille de Pierre, épousa, le 19 décembre 1749, Jean-François de Hénin-Liétard, seigneur de Morgny-en-Thiérache. — Jacqueline d'Alend'huy, dame d'Herbigny, était décédée le 26 avril 1695 (68 ans).

1733. — Pierre de Saillan, écuyer, marié à Jeanne-Marguerite de Beuvry.

1720. — Nicolas de Maubeuge, écuyer, époux de Nicole d'Arras, tous deux morts, le premier le 10 janvier 1729, la seconde le 12 juillet 1711, inhumés dans la chapelle Sainte-Anne. Ils eurent entre autres enfants :

1º *Marie de Maubeuge*, qui épousa, le 19 février 1730 Pierre de Maubeuge, fils de François de Maubeuge et de Zélie de Lescuyer, décédé le 17 décembre 1762, ancien lieutenant-colonel du régiment de Soissonnais infanterie, pensionnaire du roi, chevalier de Saint-Louis. Sa femme mourut le 27 mars 1771 (89 ans) ;

2º *Nicolas de Maubeuge*, marié le 17 juin 1727, à Françoise Germain Daunois ou d'Aulnois, fille de Henry-Joseph, écuyer, seigneur de La Neuville-les-Wasigny, et de Marie de Ruthan, eut pour fils Pierre de Maubeuge, décédé capitaine au régiment de Béarn : « Ce jourdhuy neuvième jour du mois de septembre mil sept cent soixante en conséquence d'un certificat de la Cour qui m'a été représenté, nous avons fait le service de feu Messire Pierre de Maubeuge, chevallier, seigneur d'Herbigny en partie, capitaine au régiment de Béarn, mort de ses blessures à Québec en Canada, au service de Sa Majesté en foy de quoy nous avons signé les jour, mois et an que dessus. (Signé :) Saillans ; Maubeuge ; Bourgeois (curé) ».

1755. — Pierre de Bournonville, chevalier, seigneur du lieu en partie, de Saint-Marcel, de Havy et « du Courbant », capitaine au régiment d'Anjou, chevalier de Saint-Louis, époux de Marie-Claire du Guet ; il mourut le 13 février 1761 et sa femme le 9 août 1757.

1750. — François-Louis Canelle, décédé le 8 mars 1772 (72 ans), écuyer, seigneur « dominant » d'Herbigny, etc., chevalier de Saint Louis, ancien exempt des gardes du corps du Roi, fils de Firmin Canelle, chevalier, seigneur en partie du lieu et de Louise du Guet, avait épousé le 12 mai 1750, Marie-Louise de Bournonville, décédée le 13 octobre 1773 (47 ans), fille de François de Bournonville, chevalier, seigneur de Havy, de Saint-Marcel en partie, et de Françoise de Mendreville, celle-ci décédée à Herbigny, le 18 octobre 1764.

1771. — Jacques de Villiers, chevalier d'Herbigny en partie. (REGIST. PAROIS. *d'Herbigny et de Justine).*

X. — JUSTINE.

L'église de Justine est bâtie au sommet d'une colline et le village s'étend au pied jusqu'à la Vaux, vers Herbigny.

Ancienne possession du Chapitre, l'histoire de la paroisse [1] consiste surtout dans ses relations avec le siège métropolitain rémois qui en conserve les titres originaux remontant au début du XIIe siècle.

Il n'est point question de travaux au clocher dans le procès-verbal de visite du 23 septembre 1721, « de toutes les réparations qui sont affaire a l'église dud. Justine, chœur et cancel d'icelle » mais trente-quatre ans plus tard, son mauvais état dut le faire rétablir à neuf comme semble l'indiquer cette inscription gravée sur la maîtresse pièce de la charpente [2] :

FAIT PAR NOUS IEAN GRIBOUVA & IEAN LA
CROIX CHARPENTIER, 1755 & N. CONSTANT.

---

1. Cf. Les pièces originales aux *Archives de Reims*. — Le titre de doyenné donné au XVIIIe siècle à Justine, n'en était pas moins attaché à Rethel, véritable siège de la circonscription.

2. La date *Le 7 Août 1897*, visible sur un chevron, indique une réfection récente du clocher.

Nous ne connaissons point les inscriptions des cloches d'alors, mais nous savons que la sonnerie était en bon état [1].

La grosse cloche actuelle date de 1842. Celles qui la précédaient avaient été fondues en 1830. Le document qui nous l'apprend est une délibération du 12 avril de cette année. A cette date, le Conseil municipal de la commune de Justine était réuni « à l'effet d'aviser au moyen de faire refondre les cloches qui se trouve cassée *(sic)*, lesquelles sont d'une utilité indispensable d'être refondue attendue qu'il ne peuve se faire entendre dans l'enceinte de la commune et vue que la commune a des ressources pour faire face à cette dépense ».

Le 28 mai, le maire déclarait au Conseil qu'il s'était entendu « avec des fondeurs » pour rendre « les nouvelles cloches à la tour ou au clocher la corde à la main pour le prix de quatre francs par chaque kilogramme » [2].

Ces cloches n'offraient pas la sonorité voulue, car douze ans après, en 1842, le 3 mai, le maire J.-B. Lallement représentait en séance du Conseil municipal que les cloches n'étant pas entendues d'une extrémité à l'autre de la paroisse, celles-ci « dont le poids est présumé être de 800 kil. seraient refondues et remplacées par deux autres dont l'une pèsera 800 kil. et l'autre 75 kil., cette dernière devant servir à avertir le sonneur et les enfants de chœur » [3].

Le fondeur choisi fut ANTOINE avec lequel on passa traité le 10 mai.

Il s'adjoignit ses confrères les LOISEAUX père et fils et le 6 juillet, les cloches nouvellement fondues étaient pesées.

La grosse, de 915 livres, est celle dont nous reproduisons ci-dessous l'inscription.

† EN 1842, J'AI ÉTÉ BÉNITE PAR Mᴴ HIPPO-
LITE LAGNEAU, CURÉ DE NOVION, ASSISTÉ DE
Mᴴ JEAN-THOMAS BINET, CURÉ DE JUSTINE. MON
PARRAIN EST Mᴴ ANTOINE-

---

1. Cf. le *Questionnaire* de 1774 aux *Archives de Reims*. — Un document plus récent, la statistique diocésaine de 1844, nous apprend qu'il y avait 3 cloches à Justine avant la Révolution.

2. *Registre des délibérations de la municipalité de Justine*, an III - 1834, conservé aux *Archives communales*.

3. *Ibid.* Délibération du 3 mai 1842.

NICOLAS CONTE DE FRANCE ET MA MARRAINE
DAME   ALEXANDRINE - LOUISE - ÉLISABETH -
AIMÉE-PIERRE D'AGUISY Vᵉ DE Mʳ
SOHIER
DE BERLIZE. ILS M'ONT DONNÉ LE NOM MARIE-
LOUISE EN PRÉSENCE DE Mʳ J.-Bᵗᵉ LALLEMENT
MAIRE DE LA COMMUNE

FONDUE PAR ANTOINE ET LOISEAUX PÈRE
ET FILS.

Crucifix   *Ste Vierge*

Au-dessous du Crucifix :

ANTOINE, FONDEUR [1].

M. Hippolyte LAGNEAU naquit à Château-Porcien, le 8 août 1794. Il fut curé d'Herpy, puis doyen de Novion-Porcien et mourut chanoine honoraire à Reims, le 1ᵉʳ juin 1883.

Le parrain, *Antoine-Nicolas* DE FRANCE, ancien magistrat, mourut le 2 juin 1854 à l'âge de 80 ans.

Nous devons nous étendre davantage sur le nom de la marraine qui appartenait à une des plus anciennes familles de la noblesse ardennaise :

Alexandrine-Louise-Élisabeth-Aimée-Pierre D'AGUISY [2], naquit à Magneux-les-Fismes (Marne), le 10 décembre 1786. Son père, Charles-Louis d'Aguisy, fut capitaine de cavalerie, lieutenant-colonel, garde du corps du Roi ; il était seigneur de Grandchamp où il mourut le 28 juillet 1807 ; sa mère Nicole-Agnès-Alexandrine

---

1. Le nom du fondeur se retrouve sur la petite cloche suspendue dans la partie haute de la charpente. On y lit en outre ce texte peint en capitales : « *Bénite en 1842. Mon parrain a été M. Louis-Frédéric Richard, et ma marraine Mlle Marie-Catherine Cheralot qui m'ont nommée Marie-Justine* ». (Communication due à l'obligeance de M. Lefranc, adjoint à Hauteville).

2. Le nom des d'Aguisy se retrouvait sur les anciennes cloches de Mainbresson : « Les cloches de Mainbresson ont esté bénite le 25ᵐᵉ septembre 1703, par frère Claude La Massone, prieur-curé dudy lieu. La grosse a esté nommée par Messire Louis de la Cheverdière *(sic)*, seigneur de Provisy et autres lieux et dame Anne Daguisy, veufe de Messire Acan Daras, seigneur Dandrecy. La petite par Messire Nicolas Daguisy, seigneur du fief de Mainbresson et damoiselle Guillemette Daguisy de Finamont, sœur de ladite dame Dandrecy ». (*Regist. par.* de Mainbresson, 1703). — Messire Claude La Massonne mourut prieur-curé de La Neuville-les-Wasigny, le 24 octobre 1758 à l'âge de 87 ans et fut inhumé le lendemain au cimetière « vis-à-vis la grande porte de l'église ». (*Regist. par.* de La Neuville-les-Wasigny, 1758).

de Clouet, mariée le 3 décembre 1777, était issue de Pierre de Clouet, chevalier de Saint-Louis, seigneur de Magneux, brigadier des gardes du corps et de Marie-Anne-Adrienne-Nicole de Maubeuge.

Alexandrine-Louise-Elisabeth-Pierre d'Aguisy, épousa à Grandchamp, le 5 janvier 1807, Antoine-Etienne-Marie Sohier[1], fils de Antoine-Paschal Sohier, en son vivant avocat en Parlement, conseiller du Roi, président en l'Election de Rethel, et de Marie-Reine-Eustache-Adélaïde-Hortense Tiercelet. Celui-ci mourut à Roizy, juge de paix du canton d'Asfeld, le 11 décembre 1819, et elle-même décéda dans sa 79e année, le 16 mai 1866.

L'église de Justine ne conserve aucune œuvre d'art, ni aucun texte lapidaire, mais son joli portail de la Renaissance, daté de 1551, mérite d'être signalé et surtout d'être préservé de toute atteinte inintelligente.

XI. — LALOBBE

Le village de Lalobbe, environné de hauteurs boisées, offre certainement le plus beau site de toute la vallée de la Vaux. Ses maisons en occupent le fond et s'étagent aussi sur le flanc de la colline, à droite. Sa modeste église, construite presque au centre de la paroisse ne renferme plus aucun souvenir des seigneurs qui habitèrent les deux châteaux dont les bâtiments subsistent en partie. La cloche est du milieu du dernier siècle (1854) et sauf l'inscription de sa devancière (1824), il ne nous est parvenu aucun texte des cloches antérieures.

Nous savons cependant qu'une refonte avait précédé celle de 1824, grâce aux notes inscrites sur les registres paroissiaux qui nous ont fourni eux-mêmes, dans leur partie ancienne, quelques actes intéressants[2].

1. Cf. *Notice sur la famille Sohier, de Château-Porcien*, par P. PELLOT et M. BAUDON, *Reims*, *Matot*, 1897, in-8°.

2. Voici d'après ces registres la liste des curés de la paroisse de 1639 à la Révolution : D. Nicolas Auteau, 1639-1641 ; D. François Dédion, 1642-1676, décédé le 30 juillet de cette année et inhumé le lendemain dans la chapelle du Saint-Rosaire ; D. Antoine Foullon, 1676-1686 ; D. Antoine Fromage 1686-1695, « Le lundi 23 septembre 1686, les sept heures du soir est arrivé à Lalobbe, R. père Antoine Fromage,

Voici la mention, relevée par nous, dans notre visite de cette localité le 15 juin 1900, sur la fonte de la cloche de Lalobbe, en 1818 :

« Le 3 juin 1818, la cloche de Lalobbe a été fondue à Maranvé. » Elle pesait *(en blanc)*. Elle ne pèse plus que 705. Elle a été bap-» tisée le 6 dudit mois ».

On trouve, à la suite, cette autre mention de la cloche de 1824, dont nous possédons l'inscription :

« La cloche ci-dessus ayant été cassée le *(en blanc)*, elle a été » refondu à Viel St Remy le 28 juillet 1824, à deux heures du » matin. Elle a été baptisée le premier août. Elle pèse à présent » 993 livres ».

Son texte renseigne sur les personnages présents à la cérémonie :

✝ L'an 1824, j'ai été bénite par M^r Jⁿ-B^{te} Wilmet, curé de la paroisse de St Lambert de Lalobbe et nommée Françoise-Charlotte par Mr François-Léonard-Maxime Deslyons, chevalier de Malte et dame Marie-Charlotte-Françoise-Sophie de Régnier. Mr Nicolas Godard, maire.

Les Bernard, fondeurs.

Jean-Baptiste WILMET, né à Lalobbe, desservit cette paroisse de 1804 à 1827. Il fut remplacé par Louis-Gérard Cayasse qui prit le titre de vicaire de Lalobbe et celui de curé de Draize, mais J.-B. Wilmet n'en conserva pas moins ses fonctions de curé titu-laire [1].

Le souvenir des familles DES LYONS et RÉGNIER se retrouve à

religieux prémontré de l'abbaye St Martin de Laon, ancien prieur de lad. abbaye, natif de Pierrepont..... et fut mis en possession du prioré St Nicolas et curé dind. Lalobbe par M. Cercelet, doyen de Rethel, le mercredy suivant vingt-cinq septembre 1686 » ; D. Louis Cayesse, 1685-1706 ; D. Gérard Bidault, 1706-1709 ; D. Claude Hardy, 1709-1724 ; D. Jean-Baptiste Boitar, 1724-1725 ; D. François Watellier, 1726 ; D. Jean-Baptiste Welstrich, 1726-1729 ; D. Gilbert Le Page, 1729-1747 ; D. Jacob Carbon, 1747-1756 ; D. Charles-Louis Desmont, 1756-1778 ; D. Pierre-Ponce Vaalet, 1778-1795. *(Nomina D. Rectorium qui ecclesiam parochialis sancti Lamberti de la Lobbe, ab anno 1639 rexerunt).*

1. La tombe de L.-G. Cayasse, que marque un petit monument surmonté d'une haute croix, se voit derrière l'abside de l'église. On y lit : *Ci gît Louis-Gérard, Cayasse, curé de Lalobbe, mort le 9 juillet 1834, âgé de 36 ans, chéri et regretté de ses paroissiens. — R. in. P.*

Lalobbe même[1] où réside le petit-fils du parrain de la cloche, M. Charles des Lyons dans le château autrefois habité par les Miremont et les Biarmois[2].

Il nous reste à donner le texte de la cloche actuelle qui conserve le nom de la famille TRANCHART, bien connue dans la région et dont il sera parlé plus loin[3] :

† L'AN 1853, J'AI ÉTÉ BÉNITE PAR M^r ADR[I]E[N]
LAURENT, CURÉ DE LALOBBE ET NOMMÉE
VIRGINIE-GABRIELLE

Ste Vierge.

MARIE-Jⁿ-EUGÉNIE PAR Mr F^{ois}-GABRIEL
TRANCHART ET DAME Me REMIETTE HENRIOT.
Mr CHATELIN, MAIRE.

Christ.

(Diamètre : 1^m).

Les trois premières lignes se lisent en exergue et les trois dernières au-dessous.

A l'opposite :

FONDERIE DE LOISEAU-LIÉGAULT
A MÉZIÈRES.

Guirlandes au sommet.

Nous avons signalé plus haut une taque de foyer conservée dans

1. Les tombes de la famille des Lyons se voient dans le nouveau cimetière béni le 26 février 1868 et situé au nord du village. — L'ancien cimetière qui se trouve encore autour de l'église, conserve adossée à l'abside de ce monument, une croix en fer sur laquelle on lit : *Ici reposent les restes mortels de Louis-Maxime de Régnier, prêtre missionnaire du St Esprit et du S^t Cœur de Marie, décédé le 24 août 1863, dans sa 41e année.*

2. Il subsiste de ce château un corps de logis aux murailles épaisses. Une porte en bois avec ses ferrures et les rainures de la herse se distinguent encore à l'extérieur. — Une des pièces du rez-de-chaussée conserve une taque de foyer (long. : 1^m20 ; haut. : 0^m80) ornée de deux écussons ; celui de droite : *à deux épées en sautoir accompagnées de 3 étoiles* ; celui de gauche : *un chevron accompagné de 3 merlettes 2 et 1.*

3. Voici l'épitaphe du parrain de la cloche, inhumé dans le cimetière de La Neuville-les-Wasigny : *Ici repose Jⁿ-B^{te}-François-Gabriel Tranchart, filateur, époux de M. R. Henriot, décédé maire de Lalobbe, le 26 novembre 1874, âgé de 53 ans. De Profundis.*

le château situé au bas du village. Il s'en trouve deux autres, la première, datée de 1651, chez M. Laurent, cultivateur, offrant un écu à la face crénelée, accompagnée de deux besans en chef et d'un lion passant en pointe, sommé d'une couronne de comte, casque de profil, cimier et lambrequins ; à la partie supérieure, la légende : EX FLAMMIS LAVREA CRESCIT [1] ; la seconde, appartenant à M. Madoulet-Billette, avec riche décoration renaissance et motif central représentant Hercule filant sa quenouille aux pieds d'Omphale. Au bas, on lit : AMOUR DE HERCULES ; (hauteur : 0ᵐ 85 ; long. 1ᵐ 30) [2].

XII. — LUCQUY

Lucquy, autrefois dépendance de Faux [3], a été réuni depuis peu à l'agglomération récente d'Amagne dont l'origine remonte à la création du chemin de fer, et aujourd'hui centre important où se réunissent les lignes de Reims, Mézières, Hirson et Vouziers.

En 1899, grâce à l'initiative de M. l'abbé Emile Paquis, curé d'Auboncourt, une chapelle de secours a été construite à mi chemin des deux sections.

La bénédiction de cette chapelle dédiée à sainte Jeanne [4] et ornée de vitraux ayant trait à la vie de Jeanne d'Arc, eut lieu le 12 octobre de cette année.

La cloche, sortie des ateliers de DROUOT-THURIN, de Douai, ne porte que le nom du fondeur, mais les noms des parrains, des marraines et du vigilant curé, pour ne pas figurer sur le bronze,

1. Une taque identique avec les mêmes dimensions (haut. : 0ᵐ80 ; larg. : 0ᵐ64), fait partie de la collection de M. Al. Lefèvre à Reims, qui nous a dit l'avoir achetée à Laon.

2. La maison dans laquelle cette plaque est conservée fut vendue aux ancêtres de M. Madoulet, le 12 germinal an VII, par le citoyen Charles Biarmois, capitaine au 23ᵉ régiment de chasseurs à cheval, demᵗ à Lalobbe. (Villemet et Bournel, notaires à Rethel. — Renseignement obligeamment fourni par M. Madoulet-Billette).

3. « Lucquy, seul hameau dépendant de la paroisse en est distant d'un quart de lieu, les chemins en sont faciles, il n'y a ni rivière, ni ruisseau à passer, il y a une petite demi lieue d'une extrémité de la paroisse à l'autre en y comprenant le hameau dont on vient de faire mention. — Le nombre des communians tant de Faux que de Lucquy est au-dessous de deux cens ». (Questionnaire de 1774, *aux Arch. de Reims, Fonds de l'Archevéché).*

4. Elle sera dédiée à sᵗᵉ Jeanne-d'Arc dès la béatification de l'héroïne champenoise.

n'en doivent pas moins prendre place dans ce recueil. La cloche
fut bénite le 12 octobre, jour de la consécration de la chapelle,
après les vêpres ; une inscription libellée en ce sens, pourrait y
être peinte et perpétuer le nom des personnes présentes à la
cérémonie, ainsi que le nom de la cloche elle-même :

> † *L'an de grâce 1899, le 12 octobre, jour de la
> consécration de cette chapelle, j'ai été bénite par
> Mgr Em. Cauly, vicaire général, protonotaire apos-
> tolique, assisté de M. Emile Paquis, curé d'Aubon-
> court. J'ai eu pour parrains Arthur Cuif et Emile
> Pêtre et pour marraines Jeanne Goury et Emélie-
> Marie-Gabrielle Prévot.*
>
> *Je m'appelle Jeanne-Marie-Emélie.*

XIII. — MESMONT

Mesmont a conservé dans le bas du village son château avec
pavillon du temps de Louis XIII et sur le haut de la colline son
église qui possède encore un portail du XIIIe siècle et une cloche
de 1778 portant sur ses flancs les noms de ses derniers seigneurs,
les marquis de Romance[1].

Voici, sans pouvoir donner sur l'ancienne sonnerie d'autre
mention que celle relatée au registre paroissial de 1743[2], le texte

1. Aux côtés du portail, on distingue encore la trace d'écussons, restes évidents
d'une litre peinte lors du décès d'un seigneur du lieu.

2. « L'an 1743, le 20 septembre j'ai béni deux cloches pour la paroisse de Mesmon dont l'une pèse huit cent cinquante six livres et l'autre cinq cent cinq ». Le curé
à cette époque était Jacques Clausier (*Registres parois. de Mesmont*, obligeante
communication de M. Legrand, instituteur de la commune). — Voici d'autre part ce
que Jacques Clausier répondait au Questionnaire de l'Archevêché en 1774, relativement aux réparations à faire au clocher : « Il n'y a à la nef que des réparations légères,
excepté au clocher sur lequel il tombe de la pluye ; cy l'on ne fait bientôt les réparations il pourra tomber parce que les bois pourrisse. Il faudra un plafond sous les
cluches quy sont en bon estat ». (*Archives de l'Archev.*, Série G, 207).

de l'inscription de cette cloche, fondue par les Roys et laissée seule dans le clocher depuis la Révolution :

† LAN DE GRACE 1778 IAY ETE BENIE PAR
M^{RE} SIMON MERL[I]N CURE DE CETTE P^{SE} NOMEE
M^{ANNE} MARTINE PAR HAUT P^{UIST} S^{R} GERMAIN
HIACINTHE
DE ROMANCE MESMON [illegible] DE ROMANCE ET S^{RE} DU D
LIEU LA MALMAISON LECHELLE BEAUMONT ET
AUTRES LIEUX L^{IEUT} AU
R DES GARDES F^{CES} DU ROY
ET L^{T} C^{NEL} ET PAR H^{TE} ET PUIS^{TE} DAME M^{ANNE} ROUS-
SEAU V^{E} DE H^{T} ET PST S^{RE} HUGUE ETIENNE DE
ROMANCE
MESMON M^{OIS} DE ROMANCE S^{R} DES LIEUX
CY DESSUS NOMEE E^{CR} OR^{DRE} DU C^{OMANT} EN SA G^{RDE}
ECURIE ET REPRESENTEE PAR M^{T} I B^{TE} WATELIER
† P^{R} ET N^{TRE} ROYAL WASIGNY ET P^{R} FISCAL DUD
MESMON ET PAR M SIMONNE MERLIN SON EPOUSE

Figure d'un personnage revêtu de ses insignes et portant la crosse — Sainte Vierge avec l'Enfant-Jésus. Cachets armoriés et Crucifix

Au-dessous :

† IE SUIS FAITE PAR LES ROYS †

Simon MERLIN, originaire de Château-Porcien, et fils de Jacques-Remacle Merlin, apothicaire, conseiller du Roi, son procureur en l'Hôtel de Ville de Château-Porcien en 1756, et de Marie-Jeanne Charpentier, prit possession de la cure le 13 février 1776. Obligé de suspendre ses fonctions pendant la Révolution, il se retira alors à Wasigny, mais il revint ensuite à Mesmont et mourut curé de cette paroisse, le 13 décembre 1810, à l'âge de 71 ans[1].

1. *Regist. parois. de Mesmont.*

Germain-Hyacinthe DE ROMANCE, né le 23 novembre 1745, était fils de *Hugues-Etienne,* écuyer ordinaire commandant en la Grande Ecurie du Roi, chevalier, marquis de Romance, comte d'Auteuil, seigneur de Mesmont, L'Echelle, etc., et de *Marie-Anne* ROUSSEAU ; cette dernière, marraine de la cloche, était issue d'Anthoine, comte d'Auteuil, etc., conseiller secrétaire du Roi, chevalier de l'ordre de St-Michel, et de Marie-Charlotte Boucher.

Germain-Hyacinthe se maria le 20 février 1787 dans la chapelle du château de Sery, à Josèphe-Guilaine de Baynast, fille de Alexandre-Honoré, marquis de Baynast, chevalier, seigneur de Sept-Fontaines, lieutenant, puis capitaine au corps des carabiniers du Roi, chevalier de Saint-Louis, et de Louise-Jeanne de Trécesson[1].

Nous n'avons pas à nous étendre sur la généalogie de la famille de Romance[2] dont on retrouve le souvenir, dans le village même, sur une pierre de la fontaine établie au bas de la colline ; on y lit en effet cette inscription et cette date :

FAIT PAR ORDRE DE

M. LE M^qs DE

MESMON L'AN

1741

Le château que les Romance habitèrent possède encore dans la vaste cheminée de la cuisine[3] une grande taque à leurs armes, datée de 1738 : *Ecartelé, au 1er, d'argent, au lion de sable, lampassé et armé de gueules,* qui est DE ROMANCE ; aux 2e et 3e, *d'azur semé de fleurs de lis d'or, au canton d'argent chargé d'une merlette de sable,* qui est DE RÉMONT ; au 4°, *de gueules, à la quintefeuille d'argent* qui est DE HESSEN.

Intelligemment restauré, ombragé par les arbres de son parc, encore entouré de ses fossés remplis d'eau que l'on franchit sur un vieux pont en pierre, le château de Mesmont a conservé son aspect du temps de Louis XIII. La façade nord, construite en briques et pierres, présente tous les caractères de cette époque. Le pavillon central a gardé sa large voûte surbaissée. La date de

---

1. *Reg. par. de Mesmont et de Sery.*

2. Cf. *Généalogie de la Maison de Romance,* dressée par M. Alf. de Puisieux (non mis dans le commerce).

3. Cette cheminée conserve une belle crémaillère en fer forgé, ornée de fleurs de lis et avec inscription datée de 1735.

1685 se lit au-dessus de la porte du bâtiment du fond, sur le parc.

LA MALMAISON, inscrite sur la cloche, avec L'ÉCHELLE et BEAU-MONT, autres seigneuries appartenant aux Romance, a gardé son corps de logis Louis XIII. Au-dessus d'une fenêtre de la cour, on lit, dans un cœur, cette date et ces lettres initiales :

1687

H D R

On y conservait aussi une plaque de cheminée ornée des armoiries des Romance et des Rémond.

Jean-Baptiste WATELIER, notaire royal à Wasigny, représentait les seigneurs de Mesmont comme procureur fiscal de cette localité. En 1781, il est qualifié juge du marquisat de la Rozière (Wagnon).

Son fils, *Jacques-Remacle*, né à Wasigny le 12 octobre 1756, succéda en 1807, à Jean-Baptiste Miroy, dans les fonctions de Président du Tribunal du quatrième arrondissement communal du département des Ardennes, fonctions qu'il conserva jusqu'en 1816.

Le frère de ce dernier, *Jean-Baptiste-Simon*, était maire de Wasigny en 1812. (ARCH. COMM. de *Wasigny*, *Wagnon*, etc.)

Le nom de Watelier est bien connu dans le pays de Rethel, où mourut, à l'âge de 71 ans, le 25 juillet 1869, l'un des derniers représentants, M. *Ambroise* WATELIER, fils de Jacques-Remacle. Il était chevalier de la Légion d'Honneur, Président honoraire du Tribunal civil, membre du Conseil d'arrondissement et du Conseil municipal de cette ville.

XIV. — NEUVILLE-LES-WASIGNY (LA)

Situé sur la Vaux, au fond d'un vallon resserré et boisé, ce village étend ses maisons des deux côtés de la route et jusque sur la hauteur voisine[1].

---

1. Nous avons copié sur les gardes des plus anciens registres de l'état-civil conservés à la mairie quelques mentions intéressantes que nous transcrivons ici : « Le 18ᵉ sept. 1692, la terre a trembler sur les deux heures après midy et aussi le jour de S. Simon au matin de la mesme année. L'année a esté très infertile en vin partout. Le froment se vendoit aussitost la moisson 3 livres et il a augmenté tous les jours jusqu'à cinq livres. L'année suivante il a vallu tousiours pareille somme de cinq livres, sept et neuf livres. » — 1698 : « La présente année a esté très rude pour le

Au sommet du coteau, sur la droite, en venant de Wasigny, se trouve le cimetière paroissial au milieu duquel s'élevait l'ancienne église dont il est encore facile de reconnaître l'emplacement et que nous décrit un document de la fin du xviiie siècle[1].

La même pièce nous indique le mauvais état de la couverture, de la nef et aussi du clocher qui contenait alors au moins deux cloches, celles-ci en bon état[2].

L'importance des travaux de réfection, le peu de solidité de l'édifice et aussi son éloignement des maisons amenèrent les habitants à reconstruire leur église au centre du village. Elle fut, en effet, réédifiée en 1775 et les anciennes cloches probablement transférées, cette année même, dans le nouveau beffroi. La Révolution n'en laissa qu'une, comme partout ailleurs et c'est probablement cette dernière, alors cassée, que le conseil municipal de la commune, dans sa séance du 10 mai 1823, décida de faire refondre par le sieur COCHOIS[3].

Celui-ci fut assisté dans l'opération par son confrère ANTOINE, comme nous le montre l'inscription de cette cloche :

† L'AN 1823, J'AI ÉTÉ BÉNITE PAR Mr LUDINART
CURÉ DOYEN DE RETHEL, ASSISTÉ DE Mr CULOT,
CURÉ DESSERVANT LA PAROISSE DE
VOISIGNY
LA NEUVILLE. J'AI ÉTÉ NOMMÉE LOUISE PAR Mr
PIERRE-JOSEPH-MEMMIE FROMENT ET PAR
DAME LOUISE-VIRGINIE FROME[N]T, ÉPOU-
SE
DE Mr TRA[N]CHART, Mr DE MAUBEUGE,
MAIRE DE LA COMMUNE. COCHOIS ET ANTOINE
FONDEURS.

peuple. La récolte de froment n'a esté que du tiers des années passées... Il y a eu très peu de vin. La pièce de médiocre s'est vendu 62 liv. Il n'y a point eu de fruicts mesme en noyeau que peu de noberttes. Nonostant la méchante année, il n'y a point eu de malades. F. J. Valentin, prieur-curé de La Neuville » *(Arch. comm.* de La Neuville-les-Wasigny).

1. *Questionnaire de 1774.* — Réponses de Jean L'Hôte, prieur-curé de La Neuville-les-Wasigny, faites le 12 janvier de cette année. *(Arch. de Reims,* Fonds de l'Archev., G. 268).

2. « Il y a des réparations assez considérables pour la couverture. Il n'y a aucune réparation à la sacristie à faire, quant à la nef, il y en a de considérables tant au mur qu'à la toiture... Les cloches sont en bon état. Le clocher demande des réparations, le mur qui le soutient s'écroule, ces réparations sont pressantes ». *(Ibid.* G. 268).

3. Cf. *Registre des délibérations* de La Neuville-les-Wasigny, 1823, aux *Archives communales.*

Aucune décoration : Les trois lignes du texte se lisent entre filets. — Diamètre : 0m 90.

M. Claude-Antoine Ludinart, né le 3 avril 1767, curé-doyen de Rethel de 1814 à 1836, décéda le 16 avril de cette année[1].

Son assistant, *Joseph-Remi* CULOT, mourut curé de Wasigny et de La Neuville le 18 novembre 1839 à l'âge de 68 ans.

Les familles *Froment* et *Tranchart* ont leurs tombes dans le cimetière de la paroisse. Voici les épitaphes gravées sur celles du parrain et de la marraine de la cloche :

A la mémoire d'un bon père,
dont chaque jour fut marqué
d'un bienfait. Il fut toujours
l'ami de ses enfants et le bien-
faiteur des ouvriers.
Pierre-Joseph-Memmie Froment
décédé à La Neuville le 7 septembre
1830, âgé de 60 ans.
De Profundis

———

A la mémoire de dame Louise
Virginie Froment, épouse
d'Alexandre-Prosper Tranchart
décédée à Rethel le 19 janvier
1870 dans sa 71e année
Priez pour elle.

M. *Pierre-Joseph-Memmie* FROMENT naquit à Nanteuil-sur-Aisne, le 20 décembre 1767, d'une honorable famille de cultivateurs. Grâce à son travail et à son intelligence, il parvint à une situation commerciale des plus enviables qui fut continuée par son gendre Alexandre-Prosper Tranchart.

M. *Alexandre-Prosper* TRANCHART, époux de Louise-Virginie Froment, fut le créateur des vastes et magnifiques établissements de filature de La Neuville. Il avait dans le commerce une réputation européenne.

1. Cf. T. PIERRET, *Vie de M. C.-A. Ludinart*, Reims, 1886, in-8°.

Président de la Chambre consultative de commerce de Rethel, ancien commandant de la garde nationale de cette ville, ancien membre du Conseil général des Ardennes, il était né à Rethel le 3 avril 1799 et y mourut le 21 février 1850, laissant la mémoire d'un grand industriel et d'un homme de bien. M. Alexandre-Prosper Tranchart avait été nommé chevalier de la Légion d'Honneur en 1849.

Son fils *François-Gabriel* TRANCHART, parrain de la cloche de Lalobbe, fut maire de cette commune pendant de longues années. Né à Rethel, le 4 octobre 1821, mort le 26 novembre 1874, il hérita des qualités paternelles que l'on retrouve en la personne de M. Théodore Tranchart, actuellement maire de La Neuville.

Le nom du maire de la commune, M. MAUBEUGE, se lit également au cimetière où il fut probablement inhumé, au pied de la croix érigée non loin des tombes de la famille Tranchart, et sur laquelle le texte suivant nous remet en mémoire une ancienne abbesse de Fontevrault :

Ci-gît

entre ses père et mère et près de plusieurs de ses
frères et sœurs et d'autres membres de sa famille
dame Jeanne-Antoinette de Maubeuge, ancienne ab-
besse, née au château de Champvoicy le 7 octobre 1753
décédée à Laneuville le 27 décembre 1839.

Les MAUBEUGE devinrent seigneurs de La Neuville au commencement du XVIII° siècle par leur alliance avec les Daunoy. Les renseignements qui suivent suppléeront aux textes des anciennes cloches au parrainage desquelles ils avaient, il est fort probable, attaché leur nom.

Nicolas de Maubeuge, écuyer, seigneur d'Herbigny laissait plusieurs enfants de son épouse Nicole d'Aïtas (Voir art. HERBIGNY).

L'un d'eux, Pierre de Maubeuge, écuyer, seigneur d'Herbigny, « lieutenant de dragons au régiment de Bonnelles », marié le 7 août 1725, à Antoinette-Germain Daunoy, fille de Henri-Joseph Germain Daunoy, écuyer, seigneur de La Neuville (décédé le 8 janvier 1729) et de Marie de Ruthan, laissa :

1° Nicolas, baptisé le 29 juin 1726, marié en 1763, à Marie-Françoise Barbier de Lescoët, de la paroisse de Lesneven, en

Basse-Bretagne, et décédé le 12 juin 1771, « chevalier, seigneur de La Neuville, Herbigny et Son, chevalier de l'ordre royal et militaire de S¹ Louis, pensionnaire du Roi, ancien capitaine au régiment royal comtois ». Il fut inhumé dans l'église de Son.

2° Marie-Joseph, baptisée le 24 juillet 1727, qui épousa le 7 octobre 1749 Louis-Joseph d'Argy, écuyer, seigneur de Malmy, fils de Charles-Louis d'Argy, écuyer, seigneur dudit lieu en partie.

3° Marie-Thérèse, baptisée le 9 janvier 1731, morte à La Neuville le 3 septembre 1811, s'était alliée le 6 décembre 1751, à Jean-Charles-François de Maubeuge, écuyer, seigneur de Champvoisy, fils de Charles-François de Maubeuge, écuyer, seigneur dudit lieu, et de Jeanne-Marguerite de Robignier. De cette dernière union naquit Jeanne-Antoinette de Maubeuge, devenue abbesse de Fontevrault, décédée à La Neuville à l'âge de 86 ans, comme nous l'indique la croix du cimetière dont l'inscription vient d'être reproduite.

Antoinette-Germain Daunoy, veuve de Pierre de Maubeuge, épousa en secondes noces, le 22 août 1737, Nicolas-Joseph de Meaux, écuyer, garde du corps du Roi (décédé le 20 novembre 1780, pensionnaire du Roi, officier d'invalides, chevalier de Saint-Louis), fils de Marc de Meaux, seigneur de Wasigny et d'Herbigny en partie, sous-lieutenant de la grande vénerie du Roi, et de Marie-Joseph de Bray.

Elle mourut en son château de La Neuville, le 1ᵉʳ janvier 1778, à l'âge de 71 ans et fut inhumée le lendemain dans la nef de l'église. Elle laissait, de ce second mariage, une nombreuse postérité dont entre autres :

1° Jeanne-Antoinette, baptisée le 11 juin 1738, mariée : 1°, le 18 janvier 1781 à Jean-Michel Guilbert, capitaine commandant du régiment de Royal comtois, chevalier de Saint-Louis, pensionnaire du Roi, décédé le 18 avril de la même année ; 2°, le 18 juin 1782, à Claude-Charles-Alexandre de Verrières, chevalier d'Andréville, officier au régiment provincial d'artillerie de La Fère, fils de Claude-Robert de Verrières et de Marie-Gabrielle de Verrières, seigneur et dame d'Havy [1].

2° Marie-Louise-Antoinette, qui épousa, le 27 mai 1771, Jean-

---

1. Nicolas de Verrières, chevalier, officier au régiment de Vexin infanterie, frère de Claude-Charles-Alexandre, se maria le 15 juillet 1782 à Thérèze de Maubeuge, fille de Charles-François et de Marie-Thérèze de Maubeuge.

Innocent-Etienne de Trécesson, comte de Trécesson, « chevalier,
seigneur de la Brosse, Conflans, Maisonfort, Bressy, la Grand-
Maison, St Loup, etc., fils de feu haut et puissant seigneur M^ro
Jean-François marquis de Trécesson, chevalier, seigneur de Lavaux,
Champfermé, baron de Château Merlé et autres lieux et de feue
haute et puissante dame Marie-Edmond-Jeanne du Deffand, dame
de St Loup d'Ordon, la Brosse, Sery, Arnicourt, Sorbon, etc. »

3° Jean-François-Gabriel, capitaine commandant au régiment de
Royal comtois en 1780. (REGIST. PAROIS. de *La Neuville-les-Wasigny*).

XV. — NEUVIZY

L'église de Neuvizy, dont les tours blanches signalent de loin le
village, n'a pas une sonnerie en rapport avec l'ampleur et la décoration du nouvel édifice construit [1] et embelli grâce aux libéralités
de généreux donateurs [2] et des nombreux pèlerins qui viennent y
invoquer Notre-Dame de Bon-Secours.

Deux cloches seulement résonnent dans la tour du sud ; l'une
de 1812, provient de l'ancienne église, l'autre, de 1840, est une
cloche d'occasion achetée par la Fabrique et fondue par J. DROUOT,
pour Gercy, localité du département de l'Aisne [3].

Le texte de la première, seul, nous intéresse :

---

1. La reconstruction de l'église de Neuvizy est due au zèle du regretté curé Nicolas
Valentin, inhumé sous les degrés du portail et dont l'épitaphe se voit au bas du tru-
meau central. On y lit : *Ici repose Messire Nicolas Valentin, chanoine de Reims, curé
de N.-D. de Neuvizy, bienfaiteur et fondateur de cette église, construite par ses soins
et sous son habile direction. Il mourut le 1er novembre 1876, âgé de 58 ans. Paroissiens et pieux pèlerins, priez pour lui. R. I. P.* »

2. Une haute plaque de marbre noir conserve dans l'église les noms d'un grand
nombre de familles, parmi lesquelles nous pouvons citer, celles de Wignacourt,
Noiret, de Rethel, Drumel, de Neuvizy, etc. C'est pour nous l'occasion de donner ici
l'épitaphe gravée sur une tombe du cimetière d'un des membres les plus connus de
cette famille. On lit ces mots, à la mémoire du sénateur des Ardennes, récemment
décédé : *Priez pour l'âme de Messire Ernest Drumel, Maire de Neuvizy, Conseiller
général, Sénateur des Ardennes, Chevalier de la Légion d'honneur, Membre du
Conseil supérieur de l'Instruction publique, décédé le 22 novembre 1897, à l'âge de
53 ans. Par son dévouement et par son travail, il s'est fait tout à tous ; il a passé en
faisant le bien, aussi sa mémoire est en bénédiction. Seigneur, donnez-lui le repos
éternel.*

3. Arrond. et cant. de Vervins.

† L'AN 1812, J'AI ÉTÉ BÉNITE PAR Mᴿ JACQUES GRANDMOUGIN, CURÉ DE NEUVIZY. J'AI EU POUR PARRAIN M ALEXANDRE-EUGÈNE D'AUGER, PROP[RIÉTAI]RE

DEMᵀ A COMPIÈGNE, ET POUR MARAINE Dᴸᴸᴱ AGNÈS-JOSÉPHINE KIEN, VEUVE DE Mᴿ LOUIS-REMY D'AUGER, ANCIEN MAJOR DE DRAGONS, DEMᵀ AUDIT

COMPIÈGNE.

Mᴿ PIERRE ARNOULD, MAIRE DUDIT NEUVIZY.
Mᴿ DAVID MALH[E]RBE, ADJOINT.

C. DE FARNIER M'A FAIT.

Sainte Vierge.

(Diamètre : 0ᵐ 86).

Les D'AUGER étaient seigneurs de Neuvizy au XVIIᵉ siècle.

Alexandre-Eugène D'AUGER, né à Pont-à-Mousson le 20 juin 1784, décédé à son château de Vauzelles le 4 juin 1851, à l'âge de 67 ans, était le petit-fils de Louis-Alexandre, parrain de la cloche de Villers-le-Tourneur. Il fut conseiller général des Ardennes. Sa tombe existe encore dans le cimetière d'Auboncourt. (Sur la famille D'AUGER, voir l'article de VILLERS-LE-TOURNEUR).

A la terre de Neuvizy étaient attachés le titre de baronnie et la dignité de chevalier de la Sainte-Ampoule avec le droit de porter l'un des bâtons du dais, lors du sacre de nos rois à Reims. Plusieurs familles possédèrent la seigneurie : le souvenir de l'une d'elles est conservé par le texte suivant gravé sur une pierre blanche retrouvée en décembre 1897, en démolissant le maître-autel de l'église :

CETE 2ᴹᴱ PIER EST POSE PAR MESIRE

LOVIS SARAZIN SEIGNEVR EN PARTIE

DE NEVVISY EN 1721.

Cette pierre, déposée au presbytère, était accompagnée d'une autre donnant le nom de marguilliers de la paroisse[1].

---

1. Renseignement donné en juin 1900, par M. l'abbé Lalouette, alors curé de la paroisse, nommé en février 1901 au doyenné de Signy-l'Abbaye.

Derrière l'église subsiste l'ancien château du lieu. On y conserve une taque de foyer aux armes de la famille de Veyne. Un autre exemplaire de cette taque se retrouve à Villers-le-Tourneur (Voir l'article de cette commune).

XVI. — PUISEUX

Puiseux possède une petite église remaniée au siècle dernier quant au portail et à la nef, avec une abside du XVIe siècle percée de baies gothiques mais qui a malheureusement perdu sa principale parure, un charmant vitrail de la Renaissance dont M. H. Jadart déplorait tout récemment la disparition[1].

Le seul monument qu'elle ait conservé est la pierre tombale de Gérard de Lescuyer (1537) dont nous serons appelé à donner le texte très prochainement[2].

Là se borne l'épigraphie de la localité, car la cloche fondue en 1811, n'est pas celle de la paroisse. Elle provient de l'Echelle comme on le voit par son inscription. La famille Amstein a fourni plusieurs personnalités et son nom est encore aujourd'hui des plus honorablement représenté dans nos Ardennes.

+ EN 7[BRE] 1811, I'AY ÉTEZ BÉNIE PAR MR BIDA, CURÉ DE L'ÉCHELLE ET NOMMÉE IEANNE-MAR-GUERITE PAR MR AMSTEIN, CHIRURGIEN ET MAIRE

DE CETTE COMMUNE ET PAR DAME MARGUERITE FAY, SON ÉPOUSE, REPRÉSENTÉE PAR DEMOISELLE SÉRAPHIE AMST[E]IN, LEUR FILLE, EN PRÉSENCE

DE MM. REMY SAINGERY, ADJOINT, DE IACQUES CHARLIER, CLÉMENT DELMONT, NICOLAS VIOT, IACQUES BOUCHER,

---

1. *Le vitrail de Puiseux et les autres vitraux des églises du département des Ardennes*, 1901, in-8°. (Extrait de la *Revue historique ardennaise*).

2. *Excursions épigraphiques nobiliaires ardennaises*. Ce travail doit paraître incessamment.

IEAN-FRANÇOIS-MARIE PETIT

LOUIS BAUDIER,
IACQUES TATON, FRANÇOIS TATON ET IEAN-
BAPTISTE DELMONT, MEMBRES DU CONSEIL.
(Suivent trois mots martelés).

(Diamètre : 0ᵐ 85).

Au-dessous de l'inscription, couronne formée de têtes d'angelots. Au bas de la cloche, d'un côté, un *Crucifix* avec la *Vierge* au
pied de la croix ; de l'autre : 1º la *Vierge tenant l'Enfant-Jésus,*
sur le bras gauche, et un sceptre de la main droite ; 2º un *pontife*
revêtu des insignes de sa dignité. Entre ces deux reliefs se voit la
marque du fondeur : une cloche soutenue par deux lions, la tête
contournée, avec au sommet les lettres A. B. et au bas les initiales
des prénoms et le nom : J. N. C. ROI. (Sur ce fondeur, voir art.
SERY).

Avant la Révolution, il y avait deux cloches. Nous savons seulement, d'après la réponse de J.-B. Denys, au *Questionnaire de
1774*, que la sonnerie était alors en mauvais état.

L'épitaphe[1] du curé qui nous fournit ce renseignement se lit
encore dans le cimetière de Vaux-Montreuil :

Ci-gît Mᵘ
Jean-Baptiste
Denys, originaire
de Vivy, pays Bouillonai
Ardennes. Avant la Révolution
curé de Vaumonstreuil, Puiseux
annexe, et doyen du Vallage,
depuis le Concordat desservant
des succursales susdites,
décédé le 1ᵉʳ aoust 1806,
âgé de 66 ans et curé 40
Requiescat in
Pace.

1. Voici au surplus les notes qu'il donne sur lui-même, dans l'enquête diocésaine :
« Jean-Baptiste Denys, né au diocèse de Liège, le 13 mars 1740. prêtre le 17 mars 1764,
approuvé pour le diocèse de Reims le dernier de l'an 1765, vicaire à Vaumontreuil et
Puiseux un an, mis en possession de ladilte cure le 19 janvier 1767 ».

C'est par ce texte que nous terminons l'article de Puiseux. Peut-être, un jour, retrouverons-nous quelques renseignements sur l'ancienne sonnerie du village.

XVII. — SAULCES-AUX-BOIS

Du haut de la route départementale, Saulces-aux-Bois, aujourd'hui Saulces-Monclin (depuis la réunion de ce hameau au village), s'aperçoit au fond du vallon couronné par les bois sur lesquels se détache la haute tour de l'église.

Celle-ci ne possède qu'une sonnerie moderne et ne présente aucun caractère architectural ni aucune particularité dans sa structure. Tout l'intérêt se reporte vers la chapelle de la Vieille-Ville, actuellement dans un état de délabrement qui réclame, pour sa conservation, les travaux les plus urgents et aussi, et surtout, une grande clairvoyance afin de n'altérer en rien la physionomie rustique de ce petit monument[1]. Son clocher en charpente construit au milieu de la nef abrite encore la cloche du xvi° siècle qu'un texte gothique fait remonter à l'année 1516.

Nous donnerons, plus loin, l'inscription de cette œuvre ancienne de l'art campanaire, après avoir parlé des trois cloches de l'église paroissiale.

I. — ÉGLISE SAINT-NICOLAS

La tour est la partie la plus importante de l'édifice. Elle peut remonter, dans sa construction primitive, à l'époque romane et elle conserve encore, à l'étage des cloches, sa baie en plein cintre et à colonette. Avant les restaurations modernes (1858), une date

---

1. La muraille du côté nord a été entièrement refaite l'année dernière, sous le ministère de M. l'abbé Mobillon, curé actuel, successeur de M. l'abbé Millart, mais celle de l'abside menace ruine et nécessiterait dès maintenant (visite du 5 juin 1901) les plus minutieux travaux de consolidation.

rappelait sa réfection au début du XVIIe siècle ; on lisait, en effet, au côté sud :

RÉÉDIFIÉ EN 1622

De solides contreforts flanquent cette tour aux angles et assurent son existence en avant du portail, au centre même du village.

Nous reproduisons les inscriptions de ses trois cloches, sans pouvoir donner sur la sonnerie d'autres détails rétrospectifs que le renseignement fourni par le curé Ponce-Michel Remy, qui signalait surtout l'état défectueux de la tour, dans sa réponse au Questionnaire de 1774 [1].

Elles datent de 1825, 1836 et 1875.

Sur la première (Diamètre : 1^m) :

† L'AN 1825. J'AI EU POUR PARRAIN MR ALEXIS [BOCQUILLON] MAITRE [CIRIER] AUDIT LIEU ET POUR MARRAINE [2]

J'AI ÉTÉ FONDUE PAR LES SOINS DE MR MORLET, MAIRE DE LA COMMUNE DE SAULCES-AUX-BOIS.

CHEVRESSON ET BAGUE FONDEURS
A BLEVAINCOURT - VOSGES.

Filet entourant l'inscription. — Guirlandes au-dessus. — *Christ, Ste Vierge - Figure d'évêque.*

CHEVRESSON et BAGUE fondirent avec celle-ci une autre cloche, refondue en 1875. Elle portait :

† L'an 1825, j'ai eu pour parrain Albert Cayasse notaire et adjoint, et pour marraine Marie-Anne-Zélie Cayasse, sa fille.

J'ai été fondue par les soins de M. Morlet, maire de la commune de Saulces-aux-Bois.

Chevresson et Bague, fondeurs à Blevaincourt Vosges.

---

1. « La tour qui est le clocher mérite un repiquage extérieur et intérieur si on veut éviter une grande dépense que je crains prochaine. Sans cela, les cloches ne sont point cassées ». *(Arch. de Reims*, Fonds de l'Archev., Série G).

2. Les mots mis entre crochets de même que le nom de la marraine n'ont pas été coulés.

Sur la seconde (Antoine et Loiseau, fondeurs) :

† AN 1836, J'AI ÉTÉ BÉNITE PAR Mʀ BILLET
JEAN ONÉZIME, CURÉ DE SAULCES-MONCLIN ET
REFONDUE PAR LES SOINS DE Mʀ POTIER
ALEXIS
MAIRE DE LA DITTE COMMUNE.

Crucifix   *Sainte Vierge*

(Diamètre : 0ᵐ80).

Sur la troisième :

† BÉNITE EN 1875
PAR Mʀ MILLARD CURÉ DE SAULCES-MONCLIN
PARRAIN, Mʀ JEAN-PIERRE RIVART
MAIRE DE SAULCES-MONCLIN
MARRAINE, Mᵐᴱ MARIE-FRANÇOISE LERICHE
SON ÉPOUSE

FONDERIE DE CLOCHES PERFECTIONNÉES
H. PERRIN
A MÉZIÈRES (ARDENNES)

Décorations : Guirlandes. — *Christ,* etc.

(Diamètre : 0ᵐ90).

II. — CHAPELLE NOTRE-DAME DE LA VIEILLE-VILLE

La chapelle de la Vieille-Ville, restée debout au bord du chemin
conduisant au village, a été décrite dans ses moindres détails par
M. H. Jadart, et la cloche elle-même a été l'objet d'une lecture qui
en fixait alors l'intérêt archéologique [1].

Les caractères, facilement lisibles, sont en gothique allongée.
Une grande croix ornementée se voit sur la panse ; deux lignes

1. *La Chapelle de la Vieille-Ville à Saulces-Monclin,* par H. Jadart, *Bulletin du
Diocèse de Reims,* n° du 21 décembre 1887. — Nous renvoyons à cette notice pour la
description de la tribune flamboyante, des bas-reliefs du retable et des autres souvenirs du passé qu'elle abrite encore.

composent l'inscription que nous reproduisons ici dans son texte abréviatif :

lan · m · v et xvi poccfet cĝarfier ĝariette
ᴇa feine atĝoinc ieno
· pocette et ƀiffot

Le mot ɪᴇɴᴏ a été omis dans le texte donné par l'article cité plus haut.

Les prénoms *Ponce, Poncelet, Poncette, Henriette*, se rencontrent fréquemment dans les plus anciens registres paroissiaux.

Le 7 avril 1693, « Nicolas Denisart, tisserand, fils de Jean Denisart, marchand, et de Jeanne *Charlier*, épouse Catherine Cugnon, fille de noble homme Claude de Cugnon et de Nicole Cunel ». (Reg. par. 1693).

Les noms Genot et Billot sont rares.

Le prénom *Ponce* était porté par le notaire royal du lieu, Desté, dont la femme Elisabeth Sandra, décédée le 22 mai 1695, fut inhumée dans l'église. — *Ponce* Sandra, probablement parent de cette dernière, était curé de Saulces en 1668. *[Idem.]*

XVIII. — SERY

Dominé par ses *Monts* dont la forme caractéristique attire de très loin l'attention, Sery possède une église assez intéressante par son architecture ogivale (xiiie et xvie siècles) mais sans aucun texte épigraphique ancien, soit à l'extérieur, soit à l'intérieur. Sa cloche, pourtant, logée dans le petit clocher[1] bâti à la croisée de la nef et des transepts, porte des noms appartenant à l'autre siècle ; elle fut en effet bénite en 1784 par le curé d'alors *Remy* Perlot[2] et nommée par *Charles* Drouet, syndic, représentant la

---

1. On faisait adjudication le 18 décembre 1757 pour le rétablissement de la flèche de l'église de Sery (Archives de Al. Baudon, d'après les notes de N. Mercier, extrait des *Minutes* des notaires de Rethel).

2. « Remy Perlot, âgé de 45 ans, non gradué, prêtre en 1758, exerçant les fonctions du ministère depuis 1760 » *(Questionnaire* de 1774, déjà cité).

communauté du lieu, en présence des fermiers de Couvercy et de La Malmaison.

Voici d'ailleurs le texte même de cette cloche, la plus forte du canton (diamètre : 1ᵐ25) après la grosse cloche de Wasigny, récemment fondue. Il se lit sur trois lignes, sans autre décoration que les images du Christ et de la Vierge.

    ✝ EN 1784 IAY ETE BENIE PAR MAITRE REMY PERLOT PRETRE ET CURE DE SERY, ✝ IAY ETE NOM- MEE MARIE NICOL AU NOM DE LA COMMUNAUTE

DE SE- RY PAR CHARLES DROUET SINDIC EN PRESENCE DES SIEURS VINCENT MOREAUX IEAN NICOLAS PETIT TOUS DEUX FERMIER DE COUVERCY

DU SIEUR NI- COLAS MISSET FERMIER DE LA MALMAISON NICOLAS POTET SIMON PHILIPPE FLECHEUX PONCE FRANÇOIS IEAN LE RICHE TOUS LABOUREUR.

Christ   Sainte Vierge

Près de l'image de la Sᵗᵉ Vierge se voit la marque du fondeur : une cloche soutenue par deux lions, la tête contournée, avec en haut les lettres A et B ; au bas, la signature :

J. N. C. ROI.

Au-dessus de la marque, tête d'angelot.

M. B. Riomet, l'un de nos plus zélés campanophiles, a relevé tout récemment cette signature sur la cloche d'Etréaupont (Aisne) fondue en 1782. Nous l'avons lue nous-même sur la cloche de L'Echelle coulée en 1811. (Voir art. Puiseux).

Peut-être s'agit-il de [J...]-Nicolas-Charles Leroy ou Roi, maître fondeur de cloches, demeurant à Remilly, près Sedan, que nous trouvons recevoir la promesse de fondre les cloches de Chaourses, en 1775. (Archives départ. de l'Aisne).

Les noms inscrits sur la cloche se retrouvent, pour les deux derniers siècles, dans les registres paroissiaux.

En 1636, le 24 avril, meurt « pestiférée » Elizabeth *Petit*, veuve de Philbert Lallemand, mort lui-même de la contagion le 15 du même mois.

Parmi les habitants du lieu réfugiés à Rethel lors des guerres de la Fronde, décédèrent dans cette ville le 2 novembre 1652 « mortz de maladie : Jean Monclin, praticien, Nicole Pichart, femme de Jean Picardeau, Nicole *Drouet*, femme de Michel *Le Riche* ».

Le 25 mars 1666, Messire Jean d'Ivory, chevalier « sieur de Beaufort, Sery en partie » est parrain de Jean, fils de Hugues *Flécheux* et de Nicole Aublet.

Dans une circonstance particulière, Pierre *Flécheux*, « ieuśne fils » est parrain, le 28 octobre 1672, de la fille de Messire Christophe d'Ivory, chevalier, seigneur « d'Ossignemont et de Sery » et de Louise Richart « non mariez..... et à ledit Divoury recongnut led. enfant sien en présence de Pierre Lallement et Christophe *Le Riche* » (REG. PAROIS. *de Sery*, ms.).

Les registres paroissiaux ne renferment pas le procès-verbal de la cérémonie du baptême de cette cloche qui devait en accompagner une autre [1], celle-là probablement honorée du parrainage des seigneurs du lieu [2] et enlevée à l'époque révolutionnaire [3].

A défaut de ce souvenir, le village conserve encore tout près de l'église l'un des deux châteaux, celui *d'en haut*. L'habitation transformée en maison de culture n'offre plus que son aspect extérieur avec tourelles à toitures aiguës.

---

[1]. M. P. Pellot nous a informé récemment de la découverte faite par lui d'une pièce où il est question des cloches de Sery au xviie siècle. Ce simple renseignement, le seul que nous puissions donner ici, n'a pas évidemment la valeur de la pièce originale, aussi prierons-nous le lecteur de bien vouloir attendre la publication de ce document dans l'une des nombreuses revues auxquelles collabore notre docte confrère.

[2]. « C'est Monsieur de Bainast dans le lieu même, ... ils sont dix-huit seigneurs, un réside toujours et le second six mois de l'année, le reste à Paris ». Réponse au Questionnaire de 1774, faite par le curé Rémy Perlot *(Arch. de Reims)*.

[3]. Sur la plaque en tôle d'une croix de fer érigée dans le cimetière près du petit portail latéral de l'église, se lit cette épitaphe d'un religieux qui traversa les jours pénibles de la Révolution : *D. O. M. Cy gît le corps de François Louis, religieux prémontré et curé de Son et Hauteville. 10 années d'exil pour la foi, 30 de souffrances cruelles et 82 d'innocence et de vertus, l'ont rendu l'ami constant de Dieu et des hommes. Il s'endormit paisiblement dans le Seigneur le 24 décembre 1822. Priez pour lui.*
Hæc pietatis monumenta fleris ponebat defuncti nepos nec non hujus parochiæ. Rector Berlin.

XIX. — SORCY-BAUTHÉMONT

La paroisse de Sorcy, située à l'orée des bois et à laquelle est attaché le hameau de Baulhémont possède une · église intéressante du moyen-âge. Son curieux portail (xiie siècle), sa tour romane, malheureusement réduite[1], ses autels et ses inscriptions[2] appellent sur elle l'attention de l'archéologue[3].

La sonnerie est moderne : deux cloches fondues en 1837, la composent. Leurs inscriptions seront données plus loin, mais nous devons tout d'abord parler des trois cloches dont la Révolution emporta les deux plus grosses en même temps que la grille du chœur[4]. Celle-ci avait été posée en 1717, comme le constate une

1. Cette tour formait à sa base un rectangle de 7 mètres de long sur 6m50 de large. Sa flèche, haute de 30m fut renversée par les ouragans en 1834. (*Statistique diocésaine*, 1844, *aux* Arch. *de l'Arch. de Reims*).

2. On trouvera plus loin l'inscription du maître-autel. Voici celle d'un militaire, Jean Lafontaine, natif d'Ambly-sur-Aisne :

CY GIST LE CORPS DE

JEAN LAFONTEINE NAT

✠ DENBLI SVREINE

CAPITAINE AV REGIMENT

DE BOVRBON JNFANTERJ

E : CHEVALIER DE L'ORDRE

DE ST LOVIS DECEDE A

SORCJ LE 18 AOVST 1718.

AGE · DE 65.

PASSANTS PRIE

DIEV POVR LEVT.

3. Les traces d'une litre, un écusson aux armes des *d'Aspremont à la croix*, qui furent seigneurs du lieu aux xvie et xviie siècles, se remarquent encore sur un contrefort de l'abside.

4. Déjà, pendant les guerres de la Fronde, l'église de Sorcy avait dû subir le pillage des troupes du régiment de Roze comme le constate cette mention écrite à la suite d'un *Estat des biens immeubles que possedde la fabrique de l'églize Nostre Dame de Sorcy tous assis et situés sur le terroir dudict lieux en la seigneurie de messire Jean Henry d'Haudanger de Guy, chevallier seigneur dudict Sorcy :* « Tout ce que dessus a esté certifiée véritable par les personnes de Nicolas Beurie, Jean Ceddé lesnel, Jean Beury et Jean Carré tous marguilliers de laditte fabrique lesquels ont certiffié n'avoir cognoissance qu'il y ayt eu autre tiltre ny pièce joustificative des biens de laditte fabrique d'autant que pendant les dernières guerres les tiltres et papiers ont esté perdus mesme partie des ornemens d'icelles par le pillage de laditte églize tant par les espagnolz que autres étrangers... et par le pillage du régiment de Roze quy pilla laditte églize en l'an mil six cent cinquante, ce que lesdits comparans ont certiffié véritable et ont signé : J. Roland, prieur curé ; Jean Ceddé ; N. Beury ; Jean Carré ; J. Beurie ; N. Ceddé ». Pièce du 7 mars 1690, aux Archives *de la fabrique de Sorcy).*

inscription gravée derrière le maître-autel et que nous reproduisons ici :

HAEC TABERNACVLVM ALTARE

STATVA BONI PASTORIS CVM

SVO LOCVLAMENTO

SVMPTIBVS

ECCLESIÆ POSITA

PROCVRANTE

PASTORE · F ·

HENRIQVEZ

ANNO 1717

EODEM ANNO

CLATHRA

FERREA CHORI

Nous donnons à cet endroit le procès-verbal[1] de la bénédiction des trois cloches avec quelques notes sur les personnages présents à la cérémonie :

« L'an de grâce mil sept cent soixante et dix le dix-septième
» jour du mois d'août, immédiatement avant la messe, je soussigné
» Prieur, curé de Sorcy et de Bauthémont, ai fait la bénédiction
» des trois cloches de la susdite paroisse avec les cérémonies
» accoutumées. La grosse qui pèse environ onze cent se nomme
» Marie-Antoinette et a eu pour parrain messire Roch Antoine
» Cabot Damartin de Collorgues, Chevalier de l'ordre militaire de
» Saint Louis, ancien capitaine de cavalerie, seigneur de Sorcy-
» Bauthémont, et pour marraine Madame Marie-Gabriel d'Hau-
» danger de Bothémont, son épouse, dame des sus-dits lieux...
» La seconde ou moyenne qui pèse environ huit cent se nomme
» Marguerite, et a eu pour parrain le sieur Claude Paté, marchand
» et échevin des sus-dits lieux, et pour marraine dame Marguerite
» Misset, son épouse, demeurant à Bothémont... La troisième ou
» petite se nomme Marie et a eu pour parrain le sieur Ponce
» Mercier, marchand et sindic de Sorcy, et pour marraine Marthe
» Pierlot, son épouse demeurant au sus-dit Sorcy... La susdite

1. *Registre paroiss. de Sorcy*, 1770.

» sonnerie a été augmentée d'une cloche, qui est la première. Les
» deux anciennes ne pezaient ensemble que dix-sept cent livres.
» Le métail nécessaire pour la nouvelle cloche a été souscry par
» les deux communautées et la fabrique avec la permission de
» l'Ordinaire. La dépense tant pour le métail que pour la main
» d'œuvre se monte aux environs de seize cent livres dont la
» fabrique gratifie les communautées de six cent. Les Blanpains
» frères demeurant à Buzancy[1] et Francheval[2] les ont fondues. Par
» leur marché ils étaient tenu à dépendre les anciennes et repen-
» dre les nouvelles et faire tous ces frais et mains d'œuvres, four-
» nir les ferures, batans, enfin tout généralement quelconque,
» faisant cependant réservés ce qui se trouvait bon à dire d'expers,
» remettre la voute dans son état, en un mot les communautées
» n'étaient chargées de rien moyennant la somme de quatre cent
» livres pour les ouvrages susdittes qu'elles ont donnée aux sûs-
» dits Blanpains fondeurs.

» Mes susdits seigneur et dame de Sorcy, parrain et marraine
» de la grosse, les parrains et marraines de la seconde et troi-
» sième ont signé avec nous ce présent de même que les princi-
» paux des susdits lieux, les jour, mois et an susdits.

> » Signé : DAMMARTIN DE COLLORGUES ; D'HAUDANGER
> » DE COLLORGUES ; C. PATÉ ; M. MISSET ; P. MERCIER
> » sindic ; Marthe PIERLOT ; L. LESIEUR ; A. SIMON
> » greffier ; MOUZEAUX ; DHOTEL ; D'HOTEL ; C. L. DU-
> » PRÉ, P. Curé de Sorcy »[3].

Antoine-Roch CABOT DAMMARTIN DE COLLORGUES fils de Jean-
Roch Dammartin de Collorgues, chevalier, seigneur de Collorgues,
Saint-Hilaire, etc., et de Marie-Henriette d'Autrivoy, natif de la
paroisse de Saint-Etienne d'Uzès en Languedoc avait épousé le
17 mai 1762, *Marie-Gabrielle* d'HAUDANGER DE GUY, fille de
Jean-François d'Haudanger de Guy, chevalier, seigneur en partie
de Sorcy et de Bauthémont et de Marie-Charlotte Noël.

Nous connaissons deux de leurs enfants : 1° Jean-Alexandre-
Roch-Anne-Gédéon, né le 14 septembre 1763 ; 2° Françoise-
Emmanuelle-Elisabeth-Joséphine, née le 22 février 1769 « au

1. *Buzancy*, chef-lieu de canton de l'arr. de Vouziers.
2. *Francheval*, commune du canton de Sedan sud.
3. Obligeante communication de M. P. Lesieur, instituteur à Sorcy, envoyée sur
notre demande le 23 novembre 1898.

château de haut et puissant seigneur Monseigneur Antoine-Louis Crozat, Baron de Thiers, brigadier des armées du Roi, lieutenant général pour sa Majesté de la province de Champagne, au département de Reims, et commandant de laditte province, seigneur de Thugny, y demeurant, Trugny, Seuil, Amagne, Perthes, etc. ». (Reg. paroiss. de *Sorcy* et *Thugny*).

Le nom de Paté porté par l'échevin, parrain de la seconde cloche se retrouve sur une croix du cimetière, à droite du portail :

ICI

REPOSE

LE CORPS · D

E · IEAN · PAT

E . CI DEVAN . CV

RE · DE · SAVIGN

I · DECEDE · A · BA

VTEMONT · P

RIE · DIEV · POV

R . SON · AME ·

L'an 1810 ✳

Sur les deux cloches actuelles se lisent les inscriptions suivantes :

Grosse cloche :

† AN 1837, J'AI ÉTÉ FAITE PAR LES SOINS DU CONSEIL MUNICIPAL ET LES DONS DES HABITANS DE LA COMMUNE.

J'AI ÉTÉ BÉNITE PAR Mᴿ J.-Bᵀᴱ MARTELET, CURÉ DE LA PAROISSE ET NOMMÉE ALEXANDRINE PAR Mᴿ J.-Bᵀᴱ JUSTIN,

MAIRE DE SORCY-BAUTHÉMONT, MON PARRAIN, ET PAR DAME MARIE-LOUISE-ALEXANDRINE MORNANT, SON ÉPOUSE,

MA MARRAINE. Mᴿ ANTOINE MICHEL ÉTOIS ADJOINT.

Christ.

FONDUE PAR ANTOINE ET LOISEAUX

(Diamètre : 1ᵐ).

Petite cloche :

† AN 1837, J'AI ÉTÉ FAITE PAR LES SOINS DU
CONSEIL DE FABRIQUE AIDÉ PAR LES DONS
DE

TOUS LES HABITANS DE SORCY ET DE BAUTHÉ-
MONT. J'AI ÉTÉ BÉNITE PAR Mᵐ J.-Bᵗᵉ MARTELET,
CURÉ DE LA

PAROISSE ET NOMMÉE LOUISE PAR
Mᵐ CATHERIN MORETON, OFFICIER EN RETRAITE
MON PARRAIN ET

PAR DAME MARIE-LOUISE
MARTELET, SON ÉPOUSE, MA MARRAINE, ONCLE
ET TANTE DE Mᵐ LE CURÉ.

Sainte Vierge

(Diamètre : 0ᵐ90).

XX. — VAUX-MONTREUIL

Le site de Vaux-Montreuil, embelli l'été par les perspectives des
arbres fruitiers en fleurs, est le plus beau des *Quatre Vallées* qui
poursuivent, dans un paysage riant, leurs hauteurs boisées jusqu'au Chesnois et Wignicourt.

L'église du lieu, assez intéressante, conserve quelques parties
du xviᵉ siècle dans le chœur et les transepts[1], avec une nef de
beaucoup plus ancienne ; la tour, placée en avant de l'édifice, fut
reconstruite au milieu du xviiiᵉ siècle. Une inscription sans date,
mais qui en fixe suffisamment l'époque de réédification par les
noms qu'elle mentionne, se voit au-dessous de la baie du deuxième

---

1. En 1847, lors de travaux exécutés dans la chapelle Sᵗ Sébastien, on découvrit la
date de 1526 au mur extérieur du chœur. *(Stat. dioc. 1850, aux Arch. de l'Archev.)*.

étage où se trouvent suspendus les trois timbres de l'horloge. On y lit[1] :

ME : J : DENYS : CVRE : MFP :
WARNESSON : 1^{GE} : P ⁂
DERVIN : ET : H : MOREAV
ENTREPR^{NRE} DE CETTE TOVR

Cette tour forme un quadrilatère de quatre mètres de côté, et se trouve protégée sur chacune de ses faces par deux contreforts saillants, divisés en trois retraits qui se terminent en larmiers et se continuent jusqu'à l'entablement. La hauteur totale avec le clocher qui la surmonte est de dix-sept mètres environ.

A l'étage campanaire, à l'intérieur, une pierre encastrée dans la muraille ouest, donne le nom du maître d'école de Vaux-Montreuil, en exercice lors de la reconstruction de la tour :

N^{s} · DESB
AN :· MAIT[2]
RE ☛ DEC
OLE : EN
1750 ⁂

Jusqu'en ces derniers temps, une seule cloche bénite en 1733, suffisait aux besoins du service, mais en 1890, deux autres lui furent adjointes : on trouvera plus loin leurs inscriptions. Voici d'abord celle de l'ancienne (diamètre : 1^{m} 10) :

✝ IAY ETE BENITE P^{R} MAITRE IEAN MOREAV
CVRE DE VAVMONTREVIL ET NOMMEE LOVISE
P^{R} M^{TRE} IACQVE RIVART LIEVTENANT EN LA
IVSTICE
DVDIT LIEV ET D^{LLE} CAVMONT SON EPOVSE
EN 1733 - HENRY MOREAV MARGVILLIER

Sous le crucifix :

ALEXIS BARBIER MA FAIT

1. Cf. Dr H. VINCENT, *Insc. anc. de l'arrond. de Vouziers*, Reims, *Matot-Braine*, 1892, p. 83.
2. Les lettres M. A. I. sont liées.

Sous le texte, fleurons espacés et figure de la Vierge accompagnée de têtes d'angelots.

La bénédiction de cette cloche eut lieu le dimanche 7 juin comme nous l'apprend l'acte de consécration transcrit sur le registre paroissial de 1733 [1].

Le curé *Jean* MOREAU, né au Chesnois-Auboncourt, mourut le 2 juillet 1735 et fut inhumé dans le chœur de l'église de Vaux-Montreuil. Voici son acte de sépulture : « L'an de grâce mil sept cent trente-cinq, le deuxième jour de juillet est décédé en cette paroisse maitre Jean Moreau, prêtre curé de Vaumontreuille et Puiseux, âgé de quarante-six ans, et a été inhumé le même jour dans le chœur de l'églize dudit Vaumontreuille ou nous l'avons conduits avec les cérémonies accoutumées en présence des soussignés curés du voisinage : Raulin, curé du Chesnois ; Notelet, curé de Villers-le-Tourneur ; N. Vuatelet, curé de Faug ; Malherbe, curé de Saulces-aux-Bois et doyen du Châtelet ; Lallement, vicaire de Puiseux ».

Jean Moreau avait succédé comme curé de Vaux-Montreuil, à son oncle Ponce Moreau, décédé le 18 mars 1715 et dont le nom se lisait à l'ancien plafond de la nef de l'église, aujourd'hui voûtée :

M. MOREAV CVRE. M. CHARDON LIEVT^x

MARG^x ET T. HVREAV. M. N. DVPVIS, CHA : H. P. [2]

Les peintures de ce plafond offraient aussi le nom MOREAV et la date 1702, indiquant l'époque de réfection sous le ministère du dévoué curé.

Pour compléter nos notes sur la famille Moreau, il nous reste à reproduire l'épitaphe de Henri Moreau, curé « désigné » de la paroisse au temps de la Ligue, gravée sur un marbre noir (haut. 0^m35 ;

---

1. « L'an 1733, le dimanche, 7me du mois de juin a été bénite dans l'église de Vaumontreuil la plus grosse cloche de la paroisse par le ministère de M^{tre} Jean Moreau, prêtre, curé dudit lieu, laquelle a été nommée Louise par Mre Jacque Rivart, lieutenant en la justice dudit lieu et demoiselle Louise de Caumont, son épouse. (Signé :) Moreau, curé de Vaumontreuil ; J. Rivart ; marque de demoiselle Caumont ».

2. *Statist. diocés.* 1850, déjà citée. — Nous avons relevé sur les registres de l'état-civil les noms de Pierre Chardon, procureur d'office et notaire royal, marié à Alison Drumel qui devint veuve en 1685, et de Nicolas Dupuis, également notaire en 1682. La même charge était remplie par Pierre Drumel en 1680. Nous relevons aussi dans nos notes le nom de Jean-Baptiste Moreau, sergent du duché de Rethélois en 1750.

— 59 —

long. ; 0ᵐ32) et placée au premier pilier de la nef, à droite :

Ce texte nous montre les Moreau, implantés de longue date dans la région [1] où ils sont encore de nos jours honorablement représentés. Nous retrouverons leur nom sur les cloches modernes.

Le parrain *Jacques* RIVART est qualifié cirier et marchand dans les registres de la paroisse ; nommé lieutenant en la justice de Vaux-Montreuil, il mourut dans l'exercice de cette charge, le 1ᵉʳ juillet 1739, à l'âge de 69 ans.

Son épouse, *Luce-Louise* DE CAUMONT [2], mourut le 6 septembre 1746, âgée de 70 ans. Elle laissait de Jacques Rivart, plusieurs enfants dont entre autres : 1ᵘ Nicole qui épousa le 21 juin 1734, Pierre Warnesson, lieutenant en la justice de Vaux-Montreuil en 1745 ; 2ᵒ Louise-Gabrielle, mariée le 6 mai 1744 à François Libert, bourgeois de Sedan ; 3ᵒ Marie-Jeanne, mariée le 22 février 1746, à Messire Henri-Félix de Montguyon, écuyer, seigneur de Puiseux, veuf de Marie-Jeanne de Montguyon, morte le 24 septembre de l'année précédente. — Marie-Jeanne Rivart décéda le 12 juin 1762 et son époux le 18 avril 1763. (REGISTRES PAROISS. de *Vaux-Montreuil* et de *Puiseux*).

---

1. Les plus anciens registres de la paroisse, rédigés en latin, et remontant à l'année 1647, les mentionnent. Au bas d'un de ces registres se lit la note suivante : « Je soussigné M. Pigea, pbtre, curé de Vaulmonstreuil, certifie a tous qu'il appartiendra qu'ayant fait une recherche exacte dans les registres qui me sont tombez en main pour le village d'Auboncourt, dépendant de ma paroisse, ie n'ay rien trouvé davantage que ce que i'envoye, *le reste ayant esté pris et perdu par la guerre*, en foy de quoy iay signé cette présente copie le sixiesme septembre 1663. M. Pigea, pbtre, curé de Vaulmonstreuil ». — Nicolas Pigea mourut le 15 octobre 1698, à l'âge de 78 ans et fut inhumé dans l'église.

2. Le registre de sépulture de 1682 mentionne à la date du 1ᵉʳ septembre, le décès de noble homme Antoine de Caumont, inhumé le lendemain dans l'église du lieu, époux de Marguerite de Villelongue ; celle-ci se remaria le 3 avril 1684, à Antoine de Failly, écuyer, veuf de Gabrielle de Saint-Quentin.

Le fondeur *Alexis* BARBIER était lorrain. Nous trouvons son nom dans une requête (1734) des habitants de Vaux-Montreuil, remontrant, à l'archevêque, leur impossibilité de payer les frais de la refonte de leur cloche : les termes mêmes de la pièce nous disent « que sur la fin de l'année dernière mil sept cent trente-
» trois, une des cloches de leur église auroit eté cassée et pour la
» faire refondre ils (lesdits habitants) auroient fait marché avec le
» nommé Alexis Barbier, m° fondeur, demeurant à Merle [1], qui l'a
» effectivement fondue et rétablie en son premier état, moyennant
» une somme de deux cent trente-cinq livres tant pour ses salaires
» que pour le métail qu'il a fourny, mais qu'ils étoient hors d'état
» de pouvoir le payer, à cause des malheurs des tems, et notam-
» ment de la gresle arrivée en l'année mil sept cent trente qui a
» mis les vignes de ce pays en ruine, ainsy que les gelées qu'ils
» ont soufferts depuis ce tems là ».

Pour terminer, nous donnons ci-dessous les inscriptions des deux cloches bénites en 1890 :

Sur la grosse cloche :

1ᵉʳ côté :

J'AI ÉTÉ BÉNITE EN 1890, Mᴳᴿ LANGÉNIEUX
ÉTANT CARDINAL ARCHEVÊQUE DE REIMS,
Mᴿ L'ABBÉ BERTRAND, CURÉ DE VAUX-MON-
TREUIL, MON PARRAIN ET DONATEUR
ET Mˡˡᵉ AMÉLIE BERTRAND, SA NIÈCE ET MA
MARRAINE
M'ONT NOMMÉE PÉTRONILLE-AMÉLIE.

2ᵉ côté :

Mᴿ LAURENT MOREAU ÉTAIT PRÉSIDENT DE
LA FABRIQUE. MM. PASQUIS HÉLI ET JEAN
NAMUR, MARGUILLIERS.
Mᴿ BARBIER, NOTAIRE, ÉTAIT MAIRE
ET Mᴿ GUSTAVE LETELLIER, ADJOINT.
FONDERIE DE PERRIN, A MOHON.

(Diamètre : 1ᵐ).

---

1. *Merles* (Meuse), arrond. de Montmédy, cant. de Damvillers.

Sur la plus petite :

1er côté :

> J'AI ÉTÉ BÉNITE EN 1890, Mgr LANGÉNIEUX
> ÉTANT CARDINAL ARCHEVÊQUE DE REIMS,
> Mr BARBIER, ONÉSIME, MON PARRAIN,
>   NOTAIRE ET MAIRE DE VAUX-MONTREUIL.
>   ET Mlle EUGÉNIE LETELLIER, MA MARRAINE,
>   FILLE DE Mr GUSTAVE LETELLIER, ADJOINT,
>   M'ONT NOMMÉE EUGÉNIE-OLYMPE.

2e côté :

> LES CONSEILLERS MUNICIPAUX ÉTAIENT :
> MM. G. CANIARD, E. MOREAU, C. MOREAUX,
>   D. BARTHELEMY, A. HULOT, A. PECHENART
> ET P. HULOT.
>   Mr BONHOMME, CURÉ DU CHESNOIS[1], M'A
> DONNÉE POUR UN TIERS,
>   LE SURPLUS EST LE PRODUIT D'UNE SOUS-
> CRIPTION PUBLIQUE.

> FONDERIE DE PERRIN, A MOHON.

> (Diamètre : 0m 90).

XXI. — VIEL-SAINT-REMY & MARGY

I. — ÉGLISE SAINT-REMY

Les plus anciens titres relatifs à Viel-Saint-Remy, conservés aux
Archives de Reims, remontent au XIIe siècle. Ils forment une
source précieuse pour le chercheur qui tenterait de faire l'histoire

---

1. M. l'abbé Félix-Antoine Bonhomme, dont le nom se lit sur les cloches actuelles
de l'église du Chesnois, mourut curé de cette paroisse le 3 février 1901, après un ministère de 47 ans.

du village, mais nos recherches personnelles sont restées infruc-
tueuses en ce qui concerne les cloches de l'église paroissiale.

A défaut de leurs inscriptions, nous donnerons le texte d'une
fondation du xviie siècle, encore très lisible sur un marbre noir
fixé au pilier, à droite du maître-autel.

> *L'an mil VI cens & V. Mc IEHAN IONAR*
> *docteur en theolog[ie] chanoine de Laon & de Mai-*
> *siers a don a leglise de ce lieu 48 | verges de pré au*
> *lieu dit Margerente royé Regnault Ronde | au d'une*
> *part & d'autre Iehan Brisart a la charge que les*
> *manguillierss ou pcureurs de lad. église feront dire*
> *tous les ans | a ppetuité le second iour doctoc un OBIT*
> *de messe vigille |recomandise et pcession au cimetière*
> *chantans libera & autres ⅴ | & avec les collectes, deus*
> *indulgentia &c deus venyc largitor |& fidelim & paye-*
> *ront a Mr le curé ou so vicaire 15 solz au | mre des-*
> *colle, 5 s au escolliers, 5 s & 3 s a deux hoes qui auront*
> *soné deux laisses scavoir l'une le iour St REMI sur*
> *le soir, l'autre |le matin iour de lobit pour exciter le*
> *peuple a prier Dieu | pour le bienfaiteur & de ces pa-*
> *rens trépassez. Amen.*

L'église de Viel-Saint-Remy n'offre plus dans sa partie extérieure
qu'une abside fortifiée à tourelles en encorbellement, la nef, les
collatéraux et le beffroi lui-même ayant été reconstruits à la fin
du xviiie siècle :

« Il y a des réparations à faire à la voute du chœur et au pavé.
On travaillera au mois de mars prochain à la reconstruction de la
nef en partie et l'on construira de nouveau deux collatéraux parce
que l'église n'est pas suffisamment grande. L'adjudication est faite
et monte à 3000 liv. L'on va construire un nouveau clocher. Les
cloches ne sont pas en bien bon état. »

Telles étaient les réponses de Nicolas Lefort à l'enquête de 1774.
Nous n'y ajouterons que l'épitaphe de ce curé qui nous fournit,
en outre, d'intéressants renseignements sur l'étendue de la paroisse,

sur ses nombreux hameaux [1] et en particulier sur l'ancienne chapelle disparue de la Péreuse [2], aujourd'hui dépendance de Launois.

Une pierre d'ardoise, à gauche du portail de l'église de Viel-Saint-Remy, conserve ce texte :

CY GIST

MR NICOLAS LE FORT

CURÉ DE CETTE PAROISSE

DÉCÉDÉ LE 31 MARS 1779

AGÉ DE 47 ANS

PRIEZ DIEU POUR

LE REPOS DE SON AME.

Les cloches actuelles, au nombre de trois, datent de 1824, 1825 et 1839.

Sur la première (Petite : diamètre : 0^m 85).

† L'AN 1824, J'AI ÉTÉ BÉNIE PAR MR F^{ois} GRULET, CURÉ DE VIEIL St REMY. J'AI ÉTÉ NOMMÉE

MARIE

PAR Mr N^{as} RONSIN, MAIRE DE LA COMMUNE DE VIEIL St REMY ET PAR DAME

JEANNE-MARIE LE-

ROUX, SON ÉPOUSE.

Sur la panse, jolie marque du fondeur, offrant dans un cartouche orné : une cloche autour de laquelle se lit la signature :

PIERRE · F · BARRARD.

1. « Il y a trente trois hameaux dépendans de la paroisse de Vieux St Remi, douze sont éloignés de la paroisse et du secours d'une lieue, les autres de trois quarts de lieue, d'une demie et d'un quart de lieue, les chemins sont fort difficiles coupés par des fossés et ruisseaux, des bois, il s'y trouve beaucoup de montagnes et vallons. Le diamètre de l'étendue de la paroisse pris à la Péreuse, hameau de 40 communians au levant jusqu'au hameau de la Bourinerie au couchant est de deux lieues ; le diamètre, pris à Hamouzy, hameau de 30 à 40 communians au nord jusqu'à Faisscaux, le secours au midi est de sept quarts de lieue, cinq à six lieues de circonférence ».

2. « A la Péreuse, hameau dépendant du secours de Vieux St Remi, se trouve une chapelle qui a à peu près trente livres de revenu consistant en terres et prés ; on n'y fait aucune fonction curiale. Le curé y va quelquefois dire la messe les jours ouvriers seulement pour les habitans de ce hameau éloignés de la paroisse d'une lieue ; elle est dédiée à St Nicolas, et bien entretenue. Les habitans s'y rendent les dimanches et fêtes pour y faire leurs prières ; lorsque le curé s'y rend, il fait venir les enfans pour leur demander le catéchisme, c'est la seule fonction curiale qui s'y fait ». (*Arch. de Reims*, Fonds de l'Archev. Série G.)

A l'opposite, le *Christ* ; à ses côtés la *Ste Vierge* et *St Pierre* ; au-dessus, têtes d'angelots.

Au sommet de la cloche, fleurons. Sous le texte, cordon de feuillages et fleurs de lis espacées. Ensemble d'une charmante décoration et d'une exécution soignée.

Sur la deuxième cloche (Grosse ; Diamètre : 1ᵐ) :

† L'AN 1825, J'AI ÉTÉ BÉNITE PAR M. Jⁿ Fᵒⁱˢ GRULET, CURÉ DE VIEIL Sᵗ REMY. MON PARRAIN A ÉTÉ Mⁿ Jˢ Bᵗᵉ DAPREMONT, FILS DE Mⁿ Jⁿ Eᵛᵗᵉ

DA-

PREMONT ET DE Dᵉ MARIE Jᵉ VICTOIRE FAY ET MA MARRAINE Dᵘˡᵉ MARIE SCHOLASTIQUE DA-PREMONT FILLE DE FEU, Jˢ Bᵗᵉ DAPREMONT ET DE

MARIE Jᵉ BÉGLOT DEMᵗ TOUS DEUX A LA Hᵗᵉ NAUGERIN ET CE EN PRÉSENCE DE Mⁿ RON-SIN, MAIRE DE LA COMMUNE.

Christ

Dans un cartouche :

FONDUE PAR
ANTOINE ET
LOISEAUX

Sur la troisième (moyenne ; Diamètre : 0ᵐ90).

† LE 4 AOUT 1839, A VIEIL Sᵗ REMY, M. LAGNEAU CURÉ DOYEN DE NOVION, MA CONSACRÉ SOUS LES NOMS DE STÉPHANIE

MARIE JOSÉPHINE DON-NÉ¹ PAR Mⁿ BAUDET CURÉ DESSERVANT ET Mᵉˡˡᵉ JOUET, ÉPOUSE DE M. GOURMAUX, NOTAIRE ET MAIRE.

ANTOINE ET LOISEAUX, FONDEURS.

Sainte Vierge

A la base du relief :

ANTOINE
FONDEUR

1. *(Sic).*

II. — ÉGLISE DE MARGY

Le hameau de Margy, très ancien [1], fut dépourvu jusqu'en 1869 d'une église [2]. Celle-ci possède une cloche dont voici l'inscription :

† J'AI ÉTÉ BÉNITE PAR Mʀ LAGNEAU, CURÉ DOYEN DU CANTON DE NOVION.

J'AI POUR PARRAIN Mʀ DURBECQ, JEAN-BAPTISTE, AGÉ DE 43 ANS, CONSEILLER MUNI-CIPAL.

ET POUR MARRAINE Mˡˡᵉ ZÉLIA DURBECQ, SA FILLE, AGÉE DE 12 ANS.

Mʀ ARNOULD PONCE, RONSIN NICOLAS, ARNOULD AUGUSTIN, HERBAY PIERRE, TOUS HABITANTS DE MARGY.

JE ME NOMME ZÉLIA

Dans un cartouche :

P. ROZIER-MARTIN, FONDEUR A URECOURT (VOSGES)

Au sommet de la cloche, bandeau décoré de feuilles de vignes et de raisins ; au-dessous du texte : guirlandes de feuillages et d'ornements. Figures du Christ et de la sainte Vierge.

Diamètre : 0ᵐ 88.

---

1. Margy est cité dans une charte de l'année 1183 par laquelle Guillaume Iᵉʳ, archevêque de Reims intervient sur les différends élevés entre Guy de Ceris, le monastère de Sᵗ Remy et l'église de Rethel. Guy de Ceris accorde, dans ses bois, le passage libre aux religieux de Sᵗ Remy, des coupes qu'ils auront faites, dans les bois de Viel-Saint-Remy, de *Margy* et de Nesmont. — Une autre charte donnée en 1196 par Manassés, comte de Rethel approuve l'établissement par les religieux de Sᵗ Remy de Reims, de fours banaux à Tannay, Pont-Bar, Bairon, Viel-Saint-Remy avec leurs dépendances ou annexes : Lanzy, *Margy*, etc. (*Arch. de Reims*, Fonds Sᵗ Remy, orig. parch.).

2. Il avait été question à la fin du xviiiᵉ siècle d'établir un vicaire à Margy et d'y édifier une église : « Lettre de M. Denys, doyen du Vallage, au sujet de modifications à apporter dans les paroisses de Viel-Sᵗ Remy et de Baalons, proposition d'établir un prêtre à Margy, et de changer en église une grange que l'archevêque possède en ce lieu, et « qui a tous les dehors d'une ancienne église » etc. (18 février 1786). (*Arch. de Reims, Fonds de l'Arch. G. 280).*

XXII. — VILLERS-LE-TOURNEUR

Sa modeste église, jadis encadrée de beaux arbres[1], n'a conservé, comme œuvre ancienne, que les fonts baptismaux (xvie siècle) en marbre et pierre, ornés des armes de France et de celles du Dauphin avec têtes de personnages aux angles ; elle ne possède qu'une cloche[2], suspendue sous les combles[3], mais les noms qui se lisent sur ce bronze sont ceux des derniers seigneurs de la localité et offrent quelque intérêt pour son histoire :

✞ L'AN 1763, I'AY ETE BENITE PAR

MR MATHIEU SIMONET CURE DE CE LIEU ET

I'AY ETE NOMMEE

MARIE-LOUISE PAR MESSIRE LOUIS

ALEXANDRE DAUGER, LIEUT^{NT} GEN^L DES ARMEES DU

ROY SEIGNEUR

DE VILLERS LE TOURNEUR &C ET PAR

DAME MARIE L. E. G. EUGENIE DESPREZ SON

EPOUSE

REPRESENTES PAR LE S^R IEAN DELOSSE ET

PAR D^{LLE} MARGU[E]RITE LUDINART SON EPOUSE.

(Diamètre : 0^m 88).

1. Vers la fin de 1879, la commune vendit trois charmes séculaires, situés au sud de l'église sur la limite de l'ancien cimetière. Leur cime n'était guère inférieure que d'un mètre au faîte le plus élevé de l'église. A la hauteur d'un mètre et demi au-dessus du sol, le premier à l'est, avait 1^m95 de circonférence ; le second en face du contrefort de l'église le plus occidental portait 2^m55 de circonférence ; le troisième mesurait 2^m25 de circonférence ». — NOTES *ms.* de M. l'abbé Geoffroy, curé de Villers, en 1874, obligeamment transmises en août 1899, par M. l'abbé Lagneaux, alors curé de la paroisse.

2. Les anciens registres paroissiaux conservent l'acte de baptême de la petite cloche de l'église bénite en 1748 : « L'an de grâce mil sept cent quarante-huit, le trentième jour du mois de septembre la petite cloche de l'église paroissiale de ce lieu a été bénite par nous Jean Notelet, prêtre et curé de Villers-le-Tourneur, doyen du Chatelet soussigné et nommée Marie Anne Geneviève. (Signé :) NOTELET ».

3. L'édifice n'a plus de clocher, celui-ci était indiqué en bon état en 1774. La mention suivante, inscrite au registre paroissial de 1696, à la suite du mortuaire de Jean Bourgain nous montre son peu de solidité un siècle auparavant : « Il est à remarquer que ledit Bourgain a esté blessé d'un morceau de doubleau qui tomba du clocher sur sa tête pendant la Procession du dimanche septième dudit mois, dont il est mort de sa blessure. Requiescat in pace. Amen. » *(Reg. par.* 12 octobre 1696).

Une jolie décoration entoure cette cloche. Le Christ avec figures de saints personnages à ses côtés, est élevé sur une croix fleurdelisée aux extrémités ; les degrés sont formés de fleurs de lis.

Mathieu SIMONET, successivement vicaire à Glaire, à Aiglemont et à Clavy, fut ensuite nommé curé de Villers-le-Tourneur. Il succédait à Rigobert Dupuis, décédé le 13 mars 1762. La première signature de Mathieu Simonet que nous avons rencontrée sur les registres de la paroisse est du 2 juin de cette année.

Le 24 septembre 1771, il bénissait la chapelle du château, et le 2 avril 1775, la croix attachée au grillage du chœur, celle du cimetière et trois autres calvaires pour les Rogations et Saint-Marcel [1].

Il eut pour successeur en 1777, François Paillot, qui fut lui-même remplacé en 1779 par Jean Rogelet, nommé ensuite à la cure du Châtelet-sur-Retourne et à la desserte de Bergnicourt (1784) [2].

Louis-Alexandre D'AUGER, né à Fleury-la-Forêt, le 1er octobre 1701, était fils de « Messire Jacques Dauger, seigneur de Fleury, Villers et autres lieux, exempt des gardes du corps du Roy et de dame Marguerite Du Fossé de Watteville ». Il mourut à Fleury le 18 février 1785. Son acte de sépulture énumère ses qualités et les différentes seigneuries qu'il possédait : « Le vingt février mil sept cent quatre-vingt-cinq, a été inhumé dans l'ancien cimetière de cette paroisse, le corps de Messire Louis-Alexandre, comte Dauger, lieutenant-général des armées du Roy, commandeur de l'ordre royal et militaire de Saint-Louis, seigneur et patron de Fleury-la-Forêt, Houville et la Motte-Watteville en Normandie, Villers-le-Tourneur, Neuvisy et Bellaistre en Champagne, Bienville, Frenelle, La Tour d'Oisy, Jossigny et autres lieux en Picardie, ancien lieutenant des gardes du corps de Sa Majesté dans la

1. D'après les souvenirs, ces croix auraient été la *croix du chemin de Raillicourt*, la croix de l'ancienne route de Poix à Mézières, dite *croix Lambert* ; la *Croizette*, jadis à l'entrée Est, sur le bord de la route, transportée au cimetière ; *la croix Joachim* à l'est du terroir, sur l'ancien chemin de Neuvizy, celle-ci et les deux premières aujourd'hui disparues.

Il existe encore *la croix de la Huguenoterie*, au bas de la grande rue, en face du gué.

2. L'épitaphe de ce dernier subsiste toujours dans le cimetière de Bergnicourt où nous l'avons copiée en 1898. Une plaque attachée à une croix de fer porte ces mots : *A la gloire de Dieu. A la mémoire de Monsieur Jean Rogelet, curé de la paroisse du Châtelet, desservant de Bergnicourt, décédé le 30 avril 1833, âgé de 82 ans 6 mois. — Regretté de tous ses paroissiens et des personnes de sa connaissance. — Priez Dieu pour le repos de son âme. — Cette croix a été érigée par Catherine Huet, sa parente.*

compagnie de Beauveau, décédé le dix-huit du présent mois, âgé de quatre-vingt-trois ans ». (REGISTRES PAROISS. de *Fleury-la-Forêt*, 1701, 1785. — Sur Louis-Alexandre d'Auger et sur ses fils, voir ED. SÉNEMAUD, *Les Comtes et Barons d'Auger,* 1658-1789, dans la *Rev. hist. des Ardennes*, 1868, T. VI, p. 309 et suiv.)

Une pièce du catalogue Voisin (octobre 1899) constate que Louis-Remy D'Auger, fils de Louis-Alexandre et de Marie-Elizabeth Des Prez de Bienville a la noblesse acquise et transmissible (31 mars 1789). La famille d'Auger avait été anoblie sous Louis XIV, pour services militaires. — Marie-Elizabeth Des Prez, figure comme marraine à Mazerny le 2 mars 1752, de Elizabeth-Eugénie Du Han, fille de Jacques-Guy-Aldon du Han de Crèvecœur, chevalier, seigneur de Mazerny, etc. (REGIST. PAROIS. de *Mazerny*).

« La famille d'Auger, lisons-nous dans une récente notice[1], ne dut habiter qu'à intervalle le château de Villers, situé au sud de l'église, dans les jardins actuels à l'ouest de la ferme dite *le Château*. On voit encore les traces des fossés. Un noyer marque la place de la chapelle castrale ; l'extrémité nord-est des jardins du château, occupée par une maison, porte encore le nom de *Huguenoterie* ; on a retrouvé à cet endroit des squelettes, ce qui indiquerait peut-être la présence d'un oratoire ou d'un cimetière protestant. » — (Pour la famille D'AUGER, voir aussi l'art. NEUVIZY). ·

Nous n'avons rien à ajouter sur la cloche qui ne porte aucun nom de fondeur ; sa décoration semble porter le cachet des artistes lorrains.

De belles taques de cheminées (haut. : 1^{m}20 ; larg. : 1^{m}) provenant de l'ancien château de Villers-le-Tourneur, se voient chez MM. F. Dunel et Wahart-Leroux. Leur décoration consiste en deux écussons accolés :

Le premier aux armes des d'AUGER : *d'azur, à la fasce d'or ;*

Le second aux armes des DU VUIDAL ; *d'argent, au sautoir échiqueté d'or et d'azur de deux traits, accompagné de 4 roses de gueules.*

. Au-dessus des écussons, couronne de comte et à la partie supérieure, cintrée, de la taque : la devise : PATIENTIA ET LABORE avec la date 1679.

(Guyaldon d'Auger, écuyer, seigneur de Manimont, capitaine et

---

1. *Notes sur Villers-le-Tourneur*, ms. rédigé par M. l'abbé Godefroy, curé de la paroisse et obligeamment communiqué par M. l'abbé Lagneaux, nommé récemment à la cure de Neuvizy.

major au régiment Colonel, fils de Jean d'Auger, écuyer, seigneur de Manimont et de Marie de Veyne, s'était marié par contrat du 22 août 1663 à Marie du Vuidal, fille de défunt Jacques du Vuidal, vivant conseiller du Roi, contrôleur général des gabelles en Languedoc et de Jeanne Deschamps (CAUMARTIN).

Une autre taque armoriée (haut : 1ᵐ ; larg. : 1ᵐ) existe dans la maison de M. Camus, près de l'église ; elle est aux armoiries des DE VEYNE : *de gueules, à 2 chevrons échiquetés d'or et de vair.* Sur l'écu : casque de profil avec lambrequins.

(Jacques de Veyne, sieur de Villers-le-Tourneur, paraît au *Procès-verbal* de la Recherche de 1673).

XXIII. — WAGNON

Wagnon et son église se trouvent au fond d'un vallon que dominent les hauteurs boisées des *Forges* et du *Mortier*.

L'église, du XVIᵉ siècle, a été considérablement remaniée[1]. Son clocher, en charpente, couvert d'ardoises, ne contient qu'une cloche datant des premières années du siècle, on y lit :

    † L'AN 1802, AN II DE LA REPᵇˡᵉ FRᶜᵉ,
IAI ETE BENITE PAR MAITRE IEAN IACQUES
PIRE[2], DE FUMAY, CURE DE CE LIEU, DOCTEUR
DE SORBONNE
        I'AI EU POUR PARRAIN SIMON
CONSTANT, MAIRE DUDIT LIEU ET POUR MAR-
RAINE MARIE IEANNE GUERIN, SON EPOUSE.

      C. FARNIER M'A FAIT.

Avant la Révolution, la paroisse avait trois cloches. Il ne nous est pas possible de donner leurs inscriptions, mais le texte ou tout au moins les noms qui se lisaient sur le bronze de « la moyenne

---

1. Au mur extérieur du bas-côté sud, ce texte et cette date : *Domine dilexi decorem domus tuæ*, 1736.

2. Peu de temps après son installation qu'il prit en mai 1790, Jean-Jacques Pire prêta serment à la Constitution civile du clergé. En 1793, il se qualifie dans les registres de la paroisse, membre du Conseil général de la commune de Wagnon.

cloche », bénite en 1687, nous sont connus par la pièce suivante :

« L'an de grâce de nostre Seigneur 1687, le 25e décembre, a
» esté faicte la bénédiction de la moyenne cloche de nostre dame
» de Vuagnon. Le parrin a esté Absalon de Launois, fils de mes-
» sire Christophe François de Launois, seigneur dudit lieu et
» Anthoinette de Launois, marrine, a laquelle on a imposé le nom
» Anthoinette : Absalon DE LAUNOY ; Anthoinette DE LAUNOY ;
» P. BAUDELOT, maistre d'escol ; Jacques PALTOT ; P. EVETTE,
» greffier »'(REG. PAROISS. de *Wagnon*, 1687).

L'église conserve encore, au bas du collatéral de droite la pierre
tombale des Launois. Le texte, orné avant la Révolution des armoiries de la famille, en sera publié prochainement avec les détails indispensables à le commenter.

XXIV. — WASIGNY

Le bourg de Wasigny construit en partie sur le flanc d'une
colline et au fond de la vallée où coule la rivière de Vaux, se
trouve dans une situation des plus agréables.

Son église Saint-Remy [1], son château [2] et sa vieille halle [3], peuvent inviter l'érudit à rechercher les particularités de son histoire
paroissiale, celle de ses seigneurs et de ses libertés communales,
comme aussi le site environnant peut offrir d'agréables excursions
aux touristes [4].

Nous n'avons d'autre mission que de nous occuper des cloches
de l'église mais là comme dans la plupart des localités du canton,

1. Cf. Jean HUBERT, *Statist. mon. du Diocèse de Reims*, dans les *Travaux de l'Académie*, T. XVII p. 260.

2. Sur le château et les seigneurs de Wasigny, Cf. Al. BAUDON, *Epigraphie Nobi-
liaire ardennaise*, pour paraître prochainement.

3. La Halle de Wasigny ou se trouve encore la Mairie, remonte au XVIIIe siècle. Au-
dessus d'une porte du soubassement, se lit la date de 1741. — Le seigneur du lieu possédait le droit de hallage sur tous les grains se vendant aux foires et marchés.

4. Signalons comme but de promenade les *Bois de Fauvémont* et la belle allée de
hêtres qui conduisait jadis au château de Bégny et non loin de là, sur la lisière du
bois, le point de vue duquel s'aperçoivent les tours du château de Doumely et la *Butte*
de Chaumont-Porcien.

la sonnerie est moderne et après quelques détails sur deux refontes successives en 1827 et en 1864, il ne nous restera qu'à produire l'acte de baptême de trois cloches en 1784. Nous n'avons rien recueilli sur les cloches antérieures, sur celles qui sonnèrent, par exemple, pour les morts de la contagion[1], qu'une inscription gravée sur un contrefort de l'abside de l'église rappelle encore aux habitants de la paroisse[2] :

Cy eſt le nonbre des mor

par la contagion · c · et xv

tant petit qve grand · priez

povr evx et por tovs

trespaſſez ࿐

..... par moy a galiot

m descolle de Waſigny

Le lanternon du campanile a cependant conservé, sous la cou-

---

1. Les registres paroissiaux, ne remontent pas au-delà de 1668 et on n'y trouve aucune mention relative à cette contagion, mais nous y avons glané pour l'année 1687 le fait suivant intéressant à reproduire :

« Le 18 du mois d'aoust de cette présente année 1687 est arrivée environ les 3 heures après midy un orage de plus furieux qu'on ay veu de memoire d'homme dont les grésilles ont fracassez oultre tous les toicts du Bourgue, celuy de nostre eglise où il n'estoit pas demeuré une ardoize entière du costé du nord, maime jusqu'aux lattes, et touttes les vittres, en faicte un debordement d'eau qui environnoit le cimetière ». — *Mention inscrite sur le registre paroissial de cette année.* — Dom Augustin Jamar, prêtre religieux de l'ordre de Citeaux et profès de l'abbaye de Signy, était alors curé de Wasigny. Il mourut le 14 octobre 1712 et fut inhumé dans l'église du lieu « du costé de l'Epistre, vis-à-vis la place du M° d'escole » *(Reg. par. de Wasigny, 1712).*

On conserve aussi le souvenir des deux incendies qui éclatèrent le premier dans la nuit du 22 au 23 frimaire, an VII et le second le 30 novembre 1806. Le premier surtout fut un véritable désastre et consuma toute la partie haute du bourg. Les Archives communales possèdent le « Plan de la partie de la commune de Wassigny (sic) incendiée le 22 frimaire an sept avec le projet d'allignement auquel doit être assujetie sa reconstruction ; dressé par moi Ingénieur des Ponts et Chaussées le 15 ventôse an 7 de la République. Signé : Deschamps ». — Les registres de l'état-civil (ceux de l'année courante) furent détruits dans l'incendie mais on y suppléa par les « listes marquées par la loi du 2 floréal an III » dans lesquelles se trouve relatée la mort de Marie-Jeanne Arnould, épouse de Thomas Brouhet, receveur de l'enregistrement à Wasigny, et de Jeanne-Marguerite Brouhet, leur fille, victimes toutes deux de l'incendie qui éclata dans la nuit du 22 au 23 frimaire. (Nous devons ces derniers renseignements sur les incendies de Wasigny à M. D. Marteaux, instituteur de la commune).

2. La peste des années 1636 et 1637 fit de grands ravages à Rethel et dans la région. Voir, pour une localité, voisine de Wasigny, *Le registre des sépultures de Sery* (1628-1660) dans la *Revue d'Ard. et d'Arg.*, n° du mois de juillet 1901.

pole, les anciens timbres de l'horloge communale établie il y a près de deux cents ans ainsi que l'indique la date qui accompagne leur texte ornementé d'une course de rinceaux et de fleurs de lis.

Sur le timbre pour l'heure, on lit :

NOVS APPARTENONS A LA COMMVNAVTÉ [1]

DE WASIGNY · 1710

et sur l'un des trois autres, la mention du fondeur :

FAIT PAR FRANCOIS COCU

Revenons à la sonnerie paroissiale.

En 1774, celle-ci ne se composait que de deux cloches ; à cette date le curé André Renault se plaignait de leur peu de sonorité tout en constatant le bon état du beffroi [2]. « Le clocher, écrivait-il, est en bon état mais deux petite cloche pour tout que l'on entent pas dans bien des endroit de la paroissent quand elle sonne » [3].

Un accident amena leur refonte en 1784 et c'est cette année même que la municipalité de Wasigny adressait la supplique suivante à l'archevêque de Reims, au sujet du droit des cloches qui, depuis longtemps servait à pourvoir au logement du maître d'école.

> « A Monseigneur l'archevêque duc de Reims, premier
> » pair de France, etc., etc.

> » Suplient très humblement la municipalité du Bourg de Wasi-
> » gny, disant qu'en conséquence de la permission qu'ils ont obte-
> » nue de Messieurs de l'Assemblé provincialle de Châlon, ils ont
> » choisis un nouveau maître d'école à raison de 400 l. par année,

---

1. Wasigny fut en 1790, le chef-lieu d'un des treize cantons qui formaient le district de Rethel. Il comprenait 10 municipalités y compris notre bourg : Bégny, Doumely, Draize, Grandchamp, Herbigny, Justine, Lalobbe, La Neuville et Mesmont. Voici sur Wasigny la notice qu'en donnait un document contemporain : « Wasigny, chef-lieu, à 8 lieues de Mézières, bourg avec foires et marchés. Il contient 230 feux, 953 habitans, et 150 gardes nationaux. M. Vautrin, curé en 1789 ; M. Vuatelier, maire ; M. Landragin le jeune, procureur de la commune ; M. Vuatelier fils, commandant de la garde nationale. Les marchés se tiennent le vendredi » *(Almanach du département des Ardennes,* 1791).

2. *Arch. de Reims, Fonds de l'Archev.* S. G. Questionnaire de 1774. — Un document de ces archives nous fait connaître l'existence en 1738 d'une cloche à la chapelle du château. Il ne s'en trouve plus actuellement.

3. La tour actuelle reconstruite, après un incendie, en avant du portail, nuit à l'harmonie de l'édifice. Au XVIIIe siècle, son entretien était à la charge des habitants tandis que l'abbé de Signy, patron et décimateur de la paroisse, était tenu aux réparations du sanctuaire, du chœur, de la nef et des bas-côtés.

» sur lesquelles seroient prélevé 72 l. accordées pour retraite à
» l'ancien, il a été de plus accordé au nouveau un logement ou
» 50 l. pour en tenir lieu et le casuel de l'église à la condition
» d'enseigner les enfans a raison de 5 s. par mois pour chacun et
» gratuitement vingt-cinq pauvres pendant cinq mois de l'année.

    » Depuis longtems la communauté abandonnoit au maître
» d'école le *droit des cloches* pour son logement et la place de
» l'école qu'il fournissoit, les habitans n'en ayant point à eux, ce
» droit leur ayant appartenu de tout les tems. Pour l'améliorer,
» *ils ont augmenté leur sonnerie d'une troisième cloche et fait*
» *refondre les deux autres qui étoient cassées* et cette dernière a
» été louée par eux trente huit livres.

    » Depuis le tems, le nouveau règlement concernant les fabriques
» du diocèse accorde ce droit aux dittes fabriques ce qui fait tort
» aux habitans de ce lieu et les obligeraient à faire quelques chan-
» gements s'ils en étoient privés en ce que leur dépense tourne-
» roit à leur préjudice, que la communauté n'a point de deniers
» communaux, que les habitans n'ont la plus forte partie, que leur
» industrie pour vivre et que leurs frais augmentent considérable-
» ment, c'est pourquoy ils ont l'honneur de vous présenter leur
» requette.

    » Ce considéré, Monseigneur, il plaise à votre Excellence *de*
» *leur accorder la continuité du droit des cloches de Wasigny*
» pour subvenir en partie au logement du maître d'école.

	BOUQUET	F. VAUTRIN
LANDRAGIN l'ainé		prieur curé
LANDOUZY	HENNEQUIN	
	LANDRAGIN	LANDRAGIN
WATELLIER	CANART	
		J. PIOT ».

    Augmentée d'une troisième cloche, la nouvelle sonnerie fut
bénite le 9 décembre 1784[1] :

    « L'an mil sept cent quatre-vingt-quatre, le neuvième jour du
» mois de décembre, je, Jean-François Demoulin[2], prieur curé de
» la paroisse de Saint Remy de Vuasigny et chapelain titulaire de

----

1. *Regist. parois. de Wasigny*, aux *Archives communales*.
2. Dom Jean-François Démoulin, religieux profès de l'abbaye de Signy, mourut à Wasigny, âgé de 50 ans, le 6 décembre 1788.

» Saint Nicaise[1] dudit Vuasigny, soussigné, ai béni solemnellement
» les trois cloches nouvellement fondues de la ditte église. On a
» imposé à la plus grosse desdittes trois cloches les noms d'Alexan-
» drine-Sophie, et elle a eu pour parrain Messire Alexandre-Jean-
» Baptiste Rouillé de Fontaine, chevalier, mestre de camps de cava-
» lerie, chevalier de l'ordre royal et militaire de Saint Louis, sei-
» gneur de Vuasigny, Goyencourt et autres lieux[2], représenté par
» Mr Antoine Bourguet, son régisseur, et pour marraine dame
» Madame Claude-Thérèse-Sophie Caulet d'Hauteville, épouse dud.
» seigneur, représentée par d[lle] Marie-Jeanne-Simone Vuatellier,
» fille de Mre Jean-Baptiste Vuatellier, notaire royal à Vuasigny. La
» seconde cloche a été nommée Jeanne-Thérèse et a eu pour par-
» rain et marraine le susdit seigneur et la susdite dame représentés
» par Mr Henry Constant, sindic de Vuasigny, et Marie-Elisabeth
» Charbonneaux, sa nièce, fille, de Vuasigny ; la troisième et la
» plus petite cloche a été nommée *(en blanc)* par dame Claudine-
» Thérèse-Sophie Caulet d'Hauteville, épouse du susdit seigneur
» de Vuasigny, et par Messire Basile-Michel Rouillé, son fils,
» représentés par Mr Nicolas-Thomas Hennequin-Landragin, mar-
» guillier en charge de la fabrique de Vuasigny, et d[lle] Jeanne-
» Marguerite Hennequin, sa fille, en présence de la paroisse
» assemblée en ladite église et spécialement des témoins soussignés.

DEMOULIN,

BAUQUET ».

Nous ne pouvons affirmer si la cloche refondue en 1827 était
l'une de ces trois cloches. Quoiqu'il en soit la communauté de
Wasigny représentée par Jean-Baptiste Brioux, maire, Jean-Baptiste Cailteaux, notaire et Jean-Baptiste Simon Watellier, huissier,
traitait le 31 mai de cette année avec *Antoine* ANTOINE, fondeur à
Robécourt, pour la fonte d'une grosse cloche et d'une petite[3]. Le

---

1. Dom Boisset, prieur de l'abbaye de Signy en était le possesseur en 1774 : « La chapelle Saint Nicaise, possédée par Dom Boisset, prieur de l'abbaye de Signy, louée cent cinquante livres par bail. Le collateur, Monsieur l'abbé de Signy ; ladite chapel est chargée de quelque messe qui ne s'aquitte point sur le lieu ». (*Arch. de Reims*, Série G. Fonds de l'Archev.).

2. Alexandre-Jean-Baptiste Rouillé de Fontaine avait épousé par contrat du 2 décembre 1772, Claude-Thérèse-Sophie Caulet d'Hauteville, fille de Pierre-Nicolas Caulet d'Hauteville, écuyer, seigneur d'Hauteville, Wasigny, Bégny, Crosne et autres lieux, et de Gabrielle-Thérèze Paillet des Brunières, (*Archives* du château de Wasigny).

3. Cette dernière existe toujours et se trouve suspendue au-dessus de la grosse cloche actuelle. On y lit cette date : ANNO DOMINI 1827 et couronnant une tête d'ange-lot le monogramme du Christ I H S. Elle mesure 0^{m}41 de diamètre.

fondeur s'engageait à reprendre l'ancienne, de la transporter à son atelier à Rethel et de mettre la nouvelle en place dans le beffroi au plus tard le 15 juillet suivant.

L'ancienne cloche ne fut livrée que le 24 du même mois[1] et la fonte eut lieu seulement le 5 août comme on le voit par cette pièce intéressante, émanée de Antoine lui-même :

» Je soussigné Antoine Antoine, fondeur de cloches, patenté
» pour la présente année, n° 2, demeurant à Robecourt, canton
» de la Marche, arrondissement de Neufchateau, département des
» Voges, et de présent à Rethel, déclare et certifie à Messieurs
» Brioux, maire de la commune de Wasigny et Cailteaux, notaire,
» demeurant tous deux au dit Wasigny, que devant fonder *(sic)*
» aujourd'hui deux cloches, pour la dite commune, dont le poids
» sera ci-après mentionné avec d'autres, j'ai pour faire la fonte
» dont est question, placé dans les fourneaux, (1° l'ancienne cloche
» de la commune de Wasigny pesant................ 340 kilog.
   » 2° L'ancienne cloche d'Houdilcourt pesant..... 216 id.
   » 3° Un lingot provenant de la dernière fonte qui a
» eu lieu à Rethel dans le courant de juin dernier,
» composé de 400 kilog. dont 4/5 cuivre rouge et 1/5
» étain anglais, ci................................ 400 id.
   » 4° Plusieurs lingots en cuivre rouge pesant ensemble 1.706 id.
   » 5° 405 kilog. d'étain anglais................... 405 id.

Total........... 3.067 kilog.

» Sur cette quantité, il doit être fait une cloche
» pour Wasigny de............................... 700 kilog.
» une autre pour le même lieu de................. 50 id.
» une pour Houdilcourt[2] de..................... 250 id.
» une pour Rocroy de............................. 250 id.
» une pour Epes[3], près Fumay de................ 650 id.
» 2 pour Hargny[4], près Fumay de................ 800 id.
   » Il restera un lingot de........................ 307 kilog.

1. « J'ai soussigné J.-B^te Baudoin, ouvrier fondeur de cloche, reconoît avoir reçue de Mr Brioux, maire de la commune, la cloche de Wasigny paisant sept cent quatre vingt livre paisée au poid du Roi.

Rethel, 24 juillet 1827.

(Arch. com. de Wasigny).   Baudouin ».

2. *Houdilcourt,* cant. d'Asfeld. — Le texte de cette cloche a été donné par MM. H. Jadart et P. Laurent, *Cloches du canton d'Asfeld,* 1896, p. 25.

3. *Haybes,* cant. de Fumay, arrond. de Rocroi.

4. *Hargnies,* cant. de Fumay, arrond. de Rocroi.

» Lequel lingot servira pour justifier tant la quantité de cuivre
» et d'étain que pour constater s'il est entré dans la composition
» 4/5 de cuivre et un cinquième d'étain. Pourquoi je m'offre à
» toute réquisition de *(mot arraché)* aux dits Brioux et Cailteaux,
» pour faire constater par gens de l'art qui seront pris à Rethel, la
» quantité tant du cuivre que de l'étain qui, d'après le traité,
» doivent être de première qualité et dans le cas contraire lesdits
» cloches rester à la charge du soussigné.

> » Rethel, le 5 aout 1827, une heure du matin.

> » J'approuve l'écriture,
>
> ANTOINE ».

Cette cloche, reçue et bénite le 9 août, était due en partie aux
souscriptions des habitants de Wasigny[1]. Elle dura une quarantaine d'années à peine ; une fêlure occasionna sa refonte en 1864
et ce fut, cette fois, au fondeur Perrin-Robinet, le successeur de
Antoine et Loiseau père et de Loiseau-Liégault fils, que s'adressa
la municipalité du bourg.

Le 24 février 1864, le maire Cailteaux représentait au Sous-
Préfet de Rethel, M. Ern. Hubert, « que la seule cloche que possède la commune étant cassée », il lui demandait l'autorisation de
réunir extraordinairement le Conseil à l'effet de « délibérer sur
l'acquisition d'une nouvelle ».

Le sous-préfet donna son consentement avec cette observation
que « la dépense dont il s'agit ne peut incomber à la commune
qu'après justification de l'insuffisance des ressources de la
fabrique »[2].

Le 1er mars le Conseil entrait en pourparlers avec *Honoré* PERRIN
et le 20 de ce mois, il traitait avec lui. Nous ne reproduirons que
les principales clauses de ce traité par lequel le fondeur s'engageait à fournir pour le 15 mai de la même année, « une cloche
d'un poids d'environ 1200 kilogr., sonnant très bien la note *ré*,
dans toute sa pureté ».

Le métal employé devait être de « toute première qualité, com-

---

1. « Etat, par ordre alphabétique dressé pour faire la recette des souscriptions
volontaires faites par les habitants de Wasigny, en mai 1827, afin de la refonte de la
cloche laquelle pèse 702 kilogr. et a été bénie et reçue le 9 août 1827 » *Arch. comm.
de Wasigny).* — Le battant de la cloche fut fourni par M. Barrachin, maître de forges
au Hurtaut *(Ibid).*

2. *Arch. comm. de Wasigny.*

posé de 78 parties cuivre de Russie et de 22 parties étain fin d'Angleterre ».

M. Perrin s'engageait à graver sur la nouvelle cloche sans aucune rétribution les inscriptions qui lui seraient envoyées par la fabrique, « la dite nouvelle cloche, parfaitement moulée, exempte de défauts, gerçures, soufflures, plaques ; bien polie, ornée de dessins d'un bon style et des emblèmes de la religion ».

De plus, la garantie de la cloche était fixée à dix ans pour l'usage de la sonnerie ordinaire, le fondeur s'obligeant dans le cas de casse, « d'en replacer une autre de même poids, solidité, qualité et sonorité que la première » et ce dans les trois mois de la mise en demeure qui lui en serait faite.

En outre, il fut convenu que la descente de l'ancienne cloche qui devait être reprise par le fondeur au prix de trois francs le kilog, la mise en place de la nouvelle; les travaux préparatoires de charpente et toute main-d'œuvre occasionnée par cette double opération, étant à la charge de M. Perrin, il serait alloué à celui-ci par la fabrique et pour toute chose à titre de plus fait une somme de 30 francs payable le jour même de la mise en place.

Telles étaient les principales conditions du traité, approuvées par les deux parties [1].

Entre temps, le maire avait reçu, le 16 mars, du châtelain du lieu, M. le Vᵗᵉ Charles-Alexandre Lescellier de Chézelles, une lettre dans laquelle celui-ci lui disait qu'ayant appris « que la cloche de l'église était cassée, il était d'autant plus urgent de porter un prompt remède à cet accident assez fréquent dans la cure, que cette cloche est fort utile pour prévenir les ouvriers de filature, matin et soir » [2].

De son côté, le 1ᵉʳ avril 1864, S. E. le Cardinal Gousset, par la voix de M. Lambert, son vicaire général, applaudissait à la décision du Conseil de Fabrique, relativement à la refonte de la cloche [3].

Le 6 mai, M. Perrin annonçait au maire « une belle cloche et ayant exactement le ton convenu ».

Mais la cloche, installée dans le beffroi, ne sonnait pas ou tout au moins, ne donnait pas le résultat désiré. On écrivit au fondeur. Le 9 juin, celui-ci informait M. le maire « qu'il serait à Wasigny

1. *Arch. comm. de Wasigny.*
2. *Ibid.*
3. *Ibid.*

le 15 ou le 16 courant afin de voir ce qui empêchait la cloche de sonner[1] ».

Il est fort probable que sa visite remédia à la chose, car c'est là le dernier mot que nous ayons trouvé au sujet de la refonte de 1864, sur laquelle nous nous sommes peut-être un peu trop longuement étendu.

La cloche dut satisfaire dès lors et remplir sa mission jusqu'à sa mise à mal en 1892. La nouvelle bénite cette année porte sur deux lignes les noms de M. l'abbé Félix Compans, vicaire général, de M. l'abbé Adolphe Scohyers, le dévoué pasteur de la paroisse, et ceux du parrain et de la marraine :

> † L'AN MDCCCXCII JEANNE-ANTOINETTE A ÉTÉ BÉNITE PAR Mᴿ FÉLIX COMPANS, VICAIRE GÉNÉRAL ARCHIDIACRE DE Sᵀ SIXTE, Mᴿ ADOLPHE SCOHYERS ÉTANT CURÉ DE LA PAROISSE DE WASIGNY
>
> Mᴿ ANTOINE-ISIDORE ANTOINE, PARRAIN. Mᴱᴸᴸᴱ JEANNE-ADELAIDE TATON, MARRAINE.

A l'apposite :

> FONDERIE SPÉCIALE DE CLOCHES
> JULES ROBERT
> FONDEUR
> NANCY (MEURTHE-ET-MOSELLE)
>
> (Diamètre : 1ᵐ 28).

Nous n'entrerons dans aucun détail sur la cloche actuelle, embellie d'une riche ornementation Renaissance avec les figures en relief de saint Michel, du Christ et de la sainte Vierge.

Souhaitons-lui seulement une sœur avec laquelle elle s'harmoniserait mieux et surtout une existence plus longue que celle de ses devancières. Nous ne pouvons formuler de meilleurs vœux en terminant cette notice des cloches de Wasigny.

---

1. *Arch. comm. de Wasigny.*

XXV. — WIGNICOURT

L'église a été construite en 1858 et sa cloche fondue cette année
même. Une inscription au bas de laquelle se lit le nom du fondeur LOISEAU-LIÉGAULT, mentionne son existence grâce aux dons
généreux des habitants de la paroisse :

> ✝ L'AN 1858, J'AI ÉTÉ BÉNITE PAR Mᴿ LAGNEAU
> CURÉ DOYEN DE NOVION-PORCIEN. J'AI EU POUR
> PARRAIN
>   Mᴿ Jˢ Bᵗᵉ PECHENART ET POUR MARRAINE
> Mᵉ MARIE LOUISE PECHENART SON ÉPOUSE. ILS
> M'ONT NOMMÉE
>   JEANNE MARIE ✝ JE DOIS MON
> EXISTENCE AUX DONS GÉNÉREUX DES HABI-
> TANTS DE WIGNICOURT.

Immédiatement sous le texte, guirlande de fleurons.

Figure du Christ

Sur l'autre face :

FONDERIE DE
LOISEAU LIÉGAULT
A MÉZIÈRES

Au-dessous, figure de la *sainte Vierge*.

(Diamètre : 0ᵐ95).

Avec Wignicourt se trouvent terminées les 25 notices des communes rurales du canton de Novion-Porcien. Puissent les cloches
que nous venons de passer en revue vivre encore de longs jours
et atteindre, toutes, la fin de ce nouveau siècle dont elles saluaient
l'aurore cette année même.

APPENDICE

NOTES

sur

QUELQUES FONDEURS DE CLOCHES

cités dans ce Recueil

Les deux seules cloches du XVIe siècle que possède notre canton, ne sont pas signées. Il serait difficile de leur donner une attribution exacte des fondeurs connus qui exercèrent leur art dans la région à cette époque : Nicolas Maire et Barthelemy Montjehannot [1] ; Nicolas Arvers [2] ; Pierre Deschamps [3] ; les Laualois [4], etc.

Michel VOULLEMOT & Jean BROCHART

(HERBIGNY, 1656)

Familles de fondeurs de cloches de l'ancien Bassigny.

Michel Voullemot ou Vouillemot, de Damblain (1644) avait épousé Bénigne Adam dont il eut plusieurs enfants : deux d'entre eux étaient établis à Montpellier ; d'autres à Damblain, notamment *Claude*, décédé à l'âge de 92 ans en 1725 et ses fils, *Simon* et *François*, tous deux exerçant le métier, et morts en 1747.

1. Nicolas Maire et Barthelemy Montjehannot sont les auteurs de la cloche de l'Hôtel de Ville de Rethel (1513). Cf. H. LACAILLE, *La Cloche de l'Hôtel de Ville de Rethel, avec documents relatifs à sa fonte*, Arcis-sur-Aube, 1891, in-8° de 8 pp. ; H. JADART, etc., *Cloches du Canton de Rethel*, Rethel, G. Beauvarlet, 1897, p. 1.

2. Cloche d'Autruche (1522). Cl. Dr H. VINCENT, *Inscrip. anc. de l'arrondissement de Vouziers*, p. 58.

3. Voir p. V de l'*Avant-Propos* ; Dr H. VINCENT, ouv. cité, p. 209.

4. Sur ces fondeurs, cf. Dr H. VINCENT, ouv. cité, pp. 152, 287 et suiv. ; P. COLLINET et H. BOURGUIGNAT, *Inscrip. de Cloches ardennaises*, dans Revue d'Ard. et d'Arg., 1896.

Michel Voullemot avait 96 ans en 1678. (Jos. BERTHELÉ, *Les Fondeurs de cloches de la Sénéchaussée de Bourmont du XVIe au XVIIIe siècle, d'après les recherches de* M. JULES MARCHAL, *Revue de l'Art Chrétien*, 1893, p. 132 et ARCHIVES *de Damblain*, communication de M. J. Berthelé, 15 janvier 1901).

Les Brochart fournirent comme les Voullemot, plusieurs fondeurs de cloches.

Jean Brochart, rencontré par M. J. Marchal, en 1634 et 1644, habitait La Mothe, localité aujourd'hui disparue, à deux lieues de Bourmont (Haute-Marne). Il quitta La Mothe pour aller s'établir à Doncourt à la suite de son mariage avec Anne Collin, veuve de Jean Voullemot.

En 1635, Jean et Nicolas les Brochart habitaient La Mothe.

(Jos. BERTHELÉ et J. MARCHAL, d'après les *Archives de Bourmont]*.

« Jehan Brochard, maistre fondeur », refond, en 1621, la grosse cloche de l'église Saint-Martin de Doullens (Somme).

(DE MARSY, *Revue des Sociétés savantes*, juillet-août 1875, p. 249).

Le nom de BROCHART JEHAN se lisait dans un cartouche sur la grosse cloche de l'église des Minimes de Rethel dont la sonnerie fut renouvelée en 1629 (Cf. H. JADART, P. LAURENT et Al. BAUDON, *Les Cloches du canton de Rethel*, 1897, p. 30).

Le traité de 1656 pour Herbigny nous fait connaître que Jean Brochart travaillait alors « à la cloche de Rethel ». Ce document est seul à nous renseigner sur cette opération.

La signature de la cloche inédite de Givron (1613) : LES BROV-CHARD MEZ FECIT, intéresse évidemment notre famille de fondeurs, l'élasticité orthographique se rencontrant fréquemment dans les noms propres. ARCHIVES de Al. Baudon, visite du 20 mai 1899).

En 1642, Jean Brouchart refond avec Antoine Regnault, la cloche de Monthermé (STATISTIQUE *diocésaine*, 1844, aux *Archives de l'Archev. de Reims]*.

ALEXIS BARBIER

(VAUX-MONTREUIL, 1733)

Sur ce fondeur et ceux de ce nom, voir Léon GERMAIN, *Les fondeurs de cloches lorrains*, dans *Mémoires de la Société des Lettres*,

Sciences et Arts de Bar-le-Duc, 1887, p. 97, d'après JEANTIN, *La Meuse*, T. II, et Jos. BERTHELÉ, *Les fondeurs de cloches de la Sénéchaussée de Bourmont*, dans *Revue de l'Art Chrétien*, 1893, p. 125.

LES BLANPAIN

(SORCY, 1770)

« Jean-Baptiste Blanpain, fondeur de cloches, né à Breuvannes, canton de Clerfmont (Haute-Marne) et Jeanne Louis, sa femme, demeurant à Francheval, eurent pour fils Louis Blanpain, né le 20 mai 1770 ». Dr H. VINCENT, *Insc. anc. de l'arr. de Vouziers*, 1892, p. 238).

Jean-Baptiste Blanpain avait un frère, auteur avec lui des trois cloches de la paroisse de Sorcy en 1770.

M. le Dr H. Vincent a relevé d'eux comme l'une des plus anciennes la cloche de Longwé (1765), avec la signature PIERRE I BAPTISTE LOUIS BLANPAIN *(Id. Ibid.)*.

On les trouve établis à Buzancy et à Francheval, mais ils étaient lorrains d'origine.

LES ROYS

(MESMONT, 1778)

Les Roys ou les Rois, seraient, dit M. le Dr H. Vincent, des fondeurs lorrains, quoiqu'ils ne figurent pas sur les listes connues des fondeurs de cloches de cette province, — leur style permettant de les regarder comme tels. M. le Dr Vincent les rencontre dans le pays de Vouziers en 1767, 1778, 1779, 1784. (Cf. *Inscrip. anc. de l'arrond. de Vouziers*, 1892, p. 107, 368, 379, etc.)

Les Roys signent avec les Fleury, en 1783, la cloche d'Aouste (STATIST. DIOC., 1844, aux *Arch. de l'Archev.*). — La cloche de Dontrien (Marne), fondue en 1788, porte leur nom associé à celui de Gury ou Guéry. (Cf. RÉP. ARCH., cant. de Beine, 1900, p. 143. Signature de la cloche de Vaux-Champagne (Ardennes) 1784, Dr VINCENT, p. 423.

Comme les Blanpain, les Roys font entrer dans la décoration de leurs cloches, les cachets armoriés des familles nobles : la cloche de Mesmont en offre un exemple.

M. B. Riomet a trouvé cette association des Roys avec les Gury
sur plusieurs cloches du département de l'Aisne : Beaumé (1788) ;
Rogny (1788) ; Proisy (1790), etc. (Cf., *La Thiérache*, Bulletin de
la Société arch. de Vervins, 1881, p. 126 ; 1890, p. 85 ; 1895,
p. 65). — Les Roys fondirent également dans la région de Coucy-
le-Château et de Chauny. (Cf. N.-A.-J. DUTAILLY, *Notices sur les
Cloches du canton de Coucy,* 1887, etc.)

CLAUDE FARNIER

(WAGNON, 1802, HAGNICOURT, 1806, etc.)

Claude Farnier, né en 1754, mort vers 1840, à Romagne-sous-
Montfaucon (Meuse), auteur des cloches de Coucy, Thugny (1791).
(Cf. H. JADART, etc., *Cloches du canton de Rethel*), eut pour élève
son neveu, Claude-Alexis, le huitième enfant de François Farnier,
né en 1747 à Sauvigny (Meuse), décédé en 1830, époux de Marguerite Thomas.

Claude-Alexis Farnier, né en 1795, à Sauvigny, mort à Mont-
devant-Sassey le 1er septembre 1854, après s'être marié à Henriette Deshay est le grand-père de M. Ferdinand Farnier aîné,
aujourd'hui fondeur de cloches à Robécourt (Vosges).

(Sur les Farnier, voir Dr H. VINCENT, *Inscr. anc. de l'arrond.
de Vouziers,* p. 388 et suiv. — LÉON GERMAIN, *Les Fondeurs de
cloches lorrains* dans *Mémoires de la Société archéol. de Bar-le-
Duc,* 1887, p. 96-97, FERD. FARNIER, *Notice hist. sur les cloches,*
etc.

LES COCHOIS

(HERBIGNY, 1821)

Les Cochois étaient de Champigneulles, petit village faisant
aujourd'hui partie du département de la Haute-Marne.

Les signatures P-F. COCHOIS LE JEUNE et LES COCHOIS FRÈRES,
rencontrées à Herbigny sur les deux cloches fondues en 1821,
permettent de supposer une association de Pierre-François Cochois,
dit le Châlonnais, avec son frère Cochois-Barthel ou Berthel (?)
sur lequel nous n'avons rien recueilli. Ce dernier serait mort du
côté de Bourges (?)

M. Jos. Berthelé nous renseigne sur le premier : « Pierre-François Cochois, né à Champigneulles, le 23 novembre 1791, — fils du fondeur de cloches Dominique Cochois et de Marie-Catherine Barrard [1], — marié à Champigneulles, le 19 avril 1814, avec Marguerite-Catherine Cochois, fille du fondeur de cloches Pierre-François Cochois et de Marguerite Liébaut, — père du fondeur de cloches Léon Cochois, — a eu pendant plus de vingt ans un atelier à Châlons-sur-Marne (d'où son surnom), — a quitté les cloches vers 1848, — est mort à Champigneulles, le 28 février 1876. »

(Jos. BERTHELÉ, *Cloches diverses de l'arrondissement de Château-Thierry*, 1900, p. 68).

En 1833, il fondit dans la Marne, les cloches de Germigny, Ville-en-Selve [2] et Villers-Allerand [3], sur lesquelles se retrouvent sa signature et sa marque (*Stat. dioc.* 1844, aux *Arch. de l'Archev. de Reims*. Il avait fondu en 1830 les deux cloches d'Ambonnay (*Id.*) il est également l'auteur d'une des cloches d'Ay (1838). Cf. H. Jadart, etc., *Répert. arch. de l'arr. de Reims*, canton d'Ay, 1892, p. 31, 63).

En 1823, nous trouvons Cochois et Antoine associés pour la refonte des cloches de Faissault et de La Neuville-les-Wasigny.

C'est de Jean-Nicolas Cochois qu'il s'agit probablement ici. Son association avec Antoine se rencontre ailleurs [4]. — Né à Champigneulles, le 3 juillet 1766, il appartenait à une autre branche que celle de Cochois le Châlonnais. — Il se maria à Marie-Jeanne-Suzanne Baret, laissant un fils, François qui continua le métier de fondeurs de cloches. (Cf. J. BERTHELÉ, ouvrage cité plus haut, p. 62 ; H. JADART, etc., *Cloches du canton de Rethel*, 1897, p. 27 ; *Cloches du canton de Château-Porcien*, 1899, p. 5).

---

1. Pierre-François Barrard, qui fondit en 1824 l'une des cloches de Viel-Saint-Remy, était fils de J.-B. Barrard, fondeur de cloches, et de Barbe Limaux. Il mourut à Champigneulles le 6 novembre 1877. (Sur les Barrard, Cf. J. BERTHELÉ, *Les Cochois et les Barrard, fondeurs de cloches ambulants dans l'arrondissement de Château-Thierry, de 1822 à 1832 ; le chantier des Barrard et la fonderie de cloches de J.-B. Barrard à la Chapelle-Monthodon (Aisne), de 1835 à 1867*, dans *Annales de la Société hist. et archéol. de Château-Thierry*, 1899, p. 61 à 80).

2. La signature porte : FONDUE AVEC MA SŒUR PAR LES COCHOIS ET BARRARD. — Les trois cloches de Prunay (Marne), fondues en 1826, sont également d'eux. (Cf. *Répert. arch.* canton de Beine, p. 282).

3. Au-dessous de sa signature, mention de son associé : BRETON, FONDEUR.

4. La même année (1823), ils s'associent pour la refonte de la cloche de Raillicourt (cant. d'Omont, Ardennes). — (*Stat. dioc.*, 1844).

CHEVRESSON & BAGUE

(Saulces-aux-Bois, 1825)

L'association Chevresson et Bague se retrouve sur les cloches (1826) de l'église des Minimes de Rethel (Cf. H. JADART, *Cloches du Canton*, 1897, p. 31). M. le Dr H. VINCENT les a rencontrés sur de nombreuses cloches de l'arrondissement de Vouziers depuis le commencement du XIXe siècle jusqu'en 1832. (*Inscrip. anc.*, 1892, p. 33, etc.). Ils fondirent aussi avec les COCHOIS, l'une des cloches (1822) d'Autrecourt (cant. de Mouzon) : FONDUE AVEC MA SŒUR PAR COCHOIS, CHEVRESSON ET BAGUE (*Stat. dioc.*, 1844, ms).

ANTOINE ANTOINE & CLAUDE-FRANÇOIS LOISEAU

« ANTOINE (Antoine), né à Urville (Vosges), le 17 mai 1784, fils du fondeur de cloches Nicolas Antoine et de Charlotte Roi, neveu du fondeur de cloches Jean-Baptiste Antoine, établi à Neuilly-Saint-Front (Aisne), — marié le 8 février 1809, à Robécourt (Vosges), avec Marguerite-Catherine Loiseau, — par suite de ce mariage, beau-frère du fondeur de cloches Claude-François Loiseau et oncle du fondeur de cloches Arsène Loiseau, — n'a pas eu de fils fondeur de cloches, — est mort à Robécourt, le 22 août 1845, à l'âge de 61 ans ; — sa carrière de fondeur de cloches a duré une quarantaine d'années ; — à ses débuts, il voyageait avec son père et avec les Regnauld[1] ; il travailla ensuite souvent en société avec les Cochois ; — il a surtout voyagé et fondu, sur place ou à proximité, en société avec son beau-frère Loiseau[2] — il peut être considéré comme ayant été exclusivement un fondeur ambulant, cependant il a eu aussi un atelier à Robécourt.

La société Antoine et Loiseau avait deux principaux ateliers

---

1. Les 3 cloches de Berru (Marne) fondues en 1807 portent : LES REGNAUD ET LES ANTOINE. (Cf. H. JADART, *Rép. Archéo.* canton de Beine, 1900, p. 66). — M. B. Riomet, a trouvé leur association, également en 1807, sur la grosse cloche de l'église de Thenailles (Aisne), on lit au bas : IAY ETE FONDUE PAR LES REGNAUD ET ANTOINE. Cf. Le *Libéral de l'Aisne*, no du 28 avril 1901).

2. Leurs noms se rencontrent, en effet, fréquemment sur les cloches ardennaises de la première moitié de ce siècle. Citons seulement les sonneries renouvelées par eux à Givet-Notre-Dame, Jandun (1818) ; Haybes et Hargnies (1827) ; Saint-Martin et Bossus, Hannapes (1828) ; Sécheval (1830) ; Damouzy (1831) ; Bay (1837), etc. *Renseignements* pris sur place ou donnés par la *Stat. dioc.* 1844, aux *Arch. de l'Archev.* ; cons. aussi les ouvrages déjà cités).

attitrés, — le premier à la Maison-Rouge (commune d'Aubigny, Aisne), sur la route de Laon à Reims, qui fonctionna depuis 1826 jusqu'à la mort d'Antoine, — le second dans les Ardennes, aux portes de Mézières, qui devint la fonderie de Loiseau-Liégault. »

Archives *communales de Robécourt et d'Urville* ; — traditions recueillies à Robécourt, à la Maison-Rouge et à Mohon, près Mézières ; — cloches diverses des Ardennes ou de l'Aisne, publiées par M. Jadart, etc., ou relevées par Jos. Berthelé).

« Loiseau (Claude-François), — né vers 1789 ; — non fils de fondeur de cloches, — beau-frère, vraisemblablement élève, ensuite associé d'Antoine Antoine, — père du fondeur de cloches Arsène Loiseau, — domicilié à Robécourt (Vosges), — mort au dit Robécourt le 20 avril 1843. » *(Archives communales de Robécourt,* etc).

La fonderie Loiseau-Liégault fut reprise en 1859 par le fondeur Honoré Perrin-Robinet, aujourd'hui mort, dont le nom se revoit sur de nombreuses cloches ardennaises de ces dernières années. Ce dernier était le cousin-germain et le parrain de Honoré Perrin-Martin que l'on trouve associé à Arsène Loiseau.

ERRATA

Page 2, ligne 27, et page 37, ligne 9, lisez RÉMONT et non RÉMOND.

Page 9, article LE CHESNOIS, ligne 10, lisez M. Bonhomme, *récemment décédé* (voir la note qui le concerne page 61).

Page 27, ligne 11, lisez Jacques de Villiers, chevalier, *seigneur* d'Herbigny.

Page 41, ligne 12, lisez de Robignière.

Page 56, ligne 24, la reconstruction de la tour de l'église de Vaux-Montreuil doit être reportée, non pas au milieu, mais dans la seconde moitié du xviiie siècle ; le curé J.-B. Denys dont le nom se lit sur la pierre de la façade ne prit, en effet, possession de la cure qu'en 1767.

Page 62, ligne 3 de l'inscription, lisez *done* et non *don.*

Page 68, note 1, lisez M. l'abbé Geoffroy et non Godefroy (Voir sa nécrologie dans l'*Almanach-Annuaire de la Marne, de l'Aisne et des Ardennes,* 1900, p. 401).

TABLE

DES NOMS DE LIEUX & DE PERSONNES

D

Dammartin de Collorgues (Famille), seigneurs de Sorcy, 53 et suiv.

Dapremont (Famille), à Viel-Saint-Remy, 64.

Daunois ou Daunoy (Famille), seigneurs de La Neuville-les-Wasigny, ses divers membres, 26, 40.

De France (Antoine-Nicolas), ancien magistrat, 29.

Démoulin (Jean-François), prieur-curé de Wasigny, 73.

Denys (J.-B.), doyen du Vallage, curé de Vaux-Montreuil, son épitaphe, 45, 57, 65.

Dervin (Famille), de Vaux-Montreuil, 57.

Desban (X.), maître d'école de Vaux-Montreuil, 57.

Deslyons (Famille), de Lalobbe, 31.

Desprez (Marie-Elizabeth), 66 et suiv.

Desté (Ponce), notaire royal à Saulces-aux-Bois, 69.

Doumely, seigneurie, 20 — château, 70, note.

Drollier (Bertin), maïeur de Faux, 46.

Drouet (Charles), sindic de Sery, 50.

Drumel (Ernest), sénateur des Ardennes, 42.

Duchesne (Philbert), propriétaire à Novion-Porcien, 4.

Du Guet (Marie), dame d'Herbigny et de Provizeux, 24, sa famille, 25.

Du Han (Famille), seigneurs de Mazerny, div., 20.

Dunesme (Nicolas), juge en garde de Novion et Provizy, 3.

Dupré (C.-L.), prieur-curé de Sorcy, 54.

Dupuis (Nicolas), notaire à Vaux-Montreuil, 58.

Dupuis (Rigobert), curé de Villers-le-Tourneur, 67.

Durbecq (J.-B.), conseiller municipal, à Margy, 65.

E

Etréaupont, village, 50.

Evette (P.), greffier de Wagnon, 70.

F

Fagot (J.-B.), adjoint à Hagnicourt, 18.

Failly (Antoine de), écuyer, 59, note.

FAISSAULT, village, sa fondation 14. — pèlerinage, 14.

FAUX, cimetière, 15 — clocher, ruiné par la foudre 15 — Ligne, 16 — village, 58.

Féquant (Honoré), maire de Novion-Porcien, sa famille, 5, 6.

Flécheux (Simon-Philippe), laboureur, de Sery, 50, sa famille, 51.

Fleury-la-Forêt, localité, 67.

FONDEURS DE CLOCHES : Aucun détail n'est donné ici. Voir les Tableaux, p. II - IV, de l'*Avant-Propos*, l'*Appendice* et les Notices.

Fontevrault (abbesse de), 40.

Fossé de Watteville (Marguerite du), 67.

Fourment (Antoine-Auguste de), préfet du Pas-de-Calais, 17.

Fourment (M. le Baron de), sous-préfet de Rethel, 17.

Francheval, localité, 54.

Froment (Famille), de La Neuville-les-Wasigny, div., 39.

Fronde (Guerres de la), 7, 51, 52.

Fusigny, seigneurie, 1.

G

Galiot (A.), maître d'école de Wasigny, 71.

Gautier (J.-B.), desservant de Hagnicourt, 18.

Genot, voir Ieno.

TABLE DES MATIÈRES

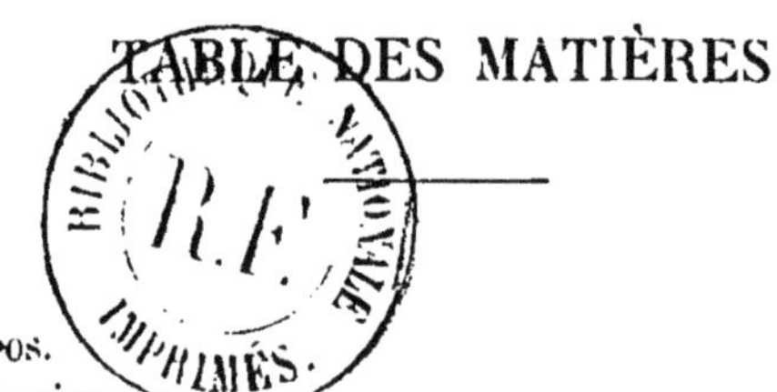

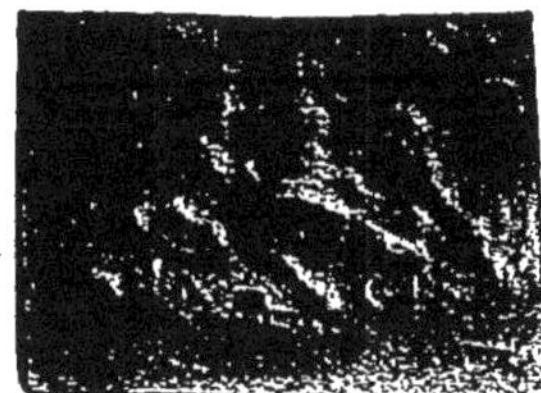

Marque de J.-N.-C. Roi
(xviiie siècle)

9 782019 940973